Köln 28.12.2023

Holger A. Dux

Für Herrn Mario Stumpf

Hurra, wir leben noch!

KÖLN nach 1945

"ubi bene ibi colonia"

Vielen Dank für Ihr Vertrauen.

Wartberg Verlag

Fotonachweis:
Sämtliche Fotos stammen von Foto Lambertin, Köln.

2. Auflage 2008

Druck: Thiele & Schwarz, Kassel
Buchbinderische Verarbeitung: Büge, Celle

34281 Gudensberg-Gleichen, Im Wiesental 1
Telefon (0 56 03) 9 30 50 • www.wartberg-verlag.de
ISBN 978-3-8313-1284-9

Zur Geschichte der Nachkriegsjahre in Köln

„Wir waren so froh, wieder in Köln zu sein", so leitete einmal eine Kölnerin ihre Erzählungen über die ersten Nachkriegsjahre in der Rheinmetropole ein. Seither hat sich das Bild der Stadt erheblich verändert. Zwei Generationen sind herangewachsen. Die Erinnerungen verblassen mehr und mehr.
Noch sind die Spuren des Krieges auszumachen. Wenn man sich genauer umschaut in den ruhigen Seitenstraßen, dann entdeckt man Baulücken und leere Fensterhöhlen. Brandgiebel erzählen Geschichten. Verblichene Tapeten erinnern an ein Wohnzimmer, Kacheln an ein Bad. Treppen sind an ihren Konturen auszumachen. Hier hat einmal ein Haus gestanden.
Allmählich heilen die letzten Wunden. St. Kunibert hat endlich wieder einen Glockenturm. Zwischen den ausgebrannten Mauern von St. Columba entsteht ein Museum. St. Alban hat man in seiner Zerstörung konserviert. Aufgewertet vom Gürzenich sowie dem neuen Wallraf-Richartz-Museum, blieb die Ruine Mahnmal für die vielen sinnlosen Kriegstoten.
Viele Eindrücke von damals sind den Zeitgenossen nur noch durch Fotografien erhalten geblieben. Nur wenige Sekunden dauerte es, bis der Film belichtet war. Das, was wir uns heute anschauen, das sind ganz kurze Augenblicke. Dem Fotografen gelang es, einen Moment zu konservieren. Als wenn ein kleiner Gegenstand in einen Block aus Kunstharz eingeschlossen worden wäre. Erst im Kopf des Betrachters fügen sich die vielen kleinen Stückchen zu einem Gesamtbild zusammen. Und so unterschiedlich wie die Menschen sind, so verschieden sind auch die Erinnerungen. Fotografien sind präzise, viel genauer als eine flüchtige Bleistiftskizze. Aber es fehlt eben auch vieles. Was blieb beispielsweise von den Gerüchen, die über den zerstörten Städten lagen? Das Gemisch von feucht gewordenem Bauschutt, von verbranntem Holz und moderndem Unrat? Abwasser bildete Pfützen, weil die Kanäle kaputt waren. Staubwolken waren nicht so ohne weiteres wegzublasen. Verloren gegangen sind auch die Geräusche: ein Schuss, eine Explosion, das prasselnde Feuer. Das Leben in den Trümmern war hart. Menschen hatten Kummer und Sorgen. Angst vor dem Verlust der Lieben und des Besitzes. Sie alle hatten Hunger. Gefühle, die keine Fotografie wiedergeben kann.
Köln war, den Statistiken nach zu urteilen, bis zu 78 % zerstört. In der Altstadt betrug die Quote sogar fast 90 %. Trotzdem kamen die Kölnerinnen und Kölner wieder in ihre Heimatstadt zurück. Dass es an allem fehlte, nahm man in Kauf. Gewohnt haben sie in Notunterkünften, in Kellern und in Bunkern. Manchmal tropfte den Schlafenden der Regen aufs Gesicht. Zum Zudecken hatten sie oft nur einen alten, abgetragenen Mantel. Damals begann der ständige Kampf ums Überleben. Worte wie „Maggeln" und „Fringsen" waren überall zu hören, genauso wie „Notunterkunft", „Schwarzmarkt" und „Blindgänger". Ständig standen sie in irgendeiner Schlange, um vielleicht einen Hering zu ergattern. Sie fuhren mit überfüllten Zügen ins Vorgebirge und versuchten, ein paar Dachpfannen oder Bretter zu organisieren. Viele Menschen waren belastet bis zur Erschöpfung. Überall lagen unvorstellbare Trümmermassen herum. Da konnte man ja eigentlich nur kapitulieren! Und doch sind es die Jahre, in denen der Grundstein gelegt worden ist für das spätere Wirtschaftswunder. Auf den Fotos wird dies ganz deutlich. Sie zeigen die ersten kleinen Erfolge. Sie dokumentieren nicht allein die Last des Alltags, sondern auch Freude und Frohsinn.

Wie viele stand auch Erich Lambertin eines Tages in Köln vor dem Dom und betrachtete trübselig das, was von der stolzen Stadt übrig geblieben war. Zum Fotograf ausgebildet, hatte es ihn noch vor dem Krieg nach Mitteldeutschland verschlagen. Denn in der Domstadt sah er keine Möglichkeit, sich selbstständig zu machen. Er fing an zu fotografieren. In Kisten und Kästen stapelt sich heute eine schier unüberschaubare Menge von Bilddokumenten, das Lebenswerk eines Mannes, dessen Arbeitszeit nicht pünktlich nach acht Stunden endete. Er hatte sich vorgenommen, das Leben in Köln zu dokumentieren. Das Leben mit all seinen Facetten, Kummer und Freuden, Arbeit und Feste, Zerstörung und Wiederaufbau. Ihm herzlichen Dank, dass er diese Fotos zur Verfügung gestellt hat.

Der vorliegende Bildband zeigt eine Auswahl der Fotos – geordnet nach Stichworten wie Kinder, Einkaufen, Arbeiten und Feiern. Eingefrorene Momente, die für den, der es erlebt hat, plötzlich wieder stärker ins Bewusstsein treten. Für die Jüngeren sind sie ein Stück Zeitgeschichte. Plötzlich wird es einfacher, sich die Jahre der Not in Köln zwischen 1945 und 1950 vorzustellen.

Dr. Holger A. Dux

Steine zerbröckeln zu Staub

▲ Der Kölner Dom beherrscht seit Jahrhunderten das Stadtbild. Er hat den Krieg überstanden. Stolz und dominant recken sich die Turmhelme gen Himmel. Je näher man kommt, desto eher fällt auf, dass doch so manches zerstört ist. Wertvolle Fensterscheiben, die einst gekrönte Häupter in den Ateliers der Glasmaler haben anfertigen lassen, sind zerbrochen. Von den kunstvollen Maßwerken, die begabte Steinmetze aus Kreisen, Quadraten und Dreiecken zusammengesetzt haben, blieb nur ein Haufen Schutt übrig. Selbst massive Stahlträger sind verbogen. Oft dauerte es nur ein paar Sekunden, in denen sich das ausgeklügelte Bauschema in ein Chaos verwandelte.

Ein Blick in Richtung Norden

▶ Wohin man auch schaute, überall lagen Trümmer herum, auf den Straßen, den Bürgersteigen und den Baugrundstücken. Das hatte es noch nie gegeben: Man konnte von der Hohen Straße den Rhein sehen. Erst von einem höheren Standpunkt aus ergab sich ein Überblick. Die meisten der seit Mai 1945 zurückströmenden Kölnerinnen und Kölner fanden sich kaum mehr zurecht. Die markanten Gebäude zu ihrer Orientierung waren verschwunden.

Egal ob Wohnhaus, Geschäft, Fabrik oder Kirche, kein Dach war mehr heil geblieben. Vom Domturm aus schaute der Betrachter ins Innere der Maria-Himmelfahrtskirche. In ihren Trümmern hat man mehrfach fromme Schauspiele aufgeführt. Es dauerte Jahrzehnte, bis unter mancherlei Mühen gelang, den Vorkriegszustand zu rekonstruieren.

Heile Welt und Trümmerwüste

▲ Die Jahre kurz nach dem Zweiten Weltkrieg waren von Kontrasten bestimmt. Von dem steinernen Gebirge der krabbenbesetzten Fialen und Türmchen des Domes geht der Blick über den heutigen Roncalliplatz. Es gab tatsächlich noch Gebäude, bei denen ein Stein auf dem anderen stehen geblieben war. Die schwarzen Fensterhöhlen beweisen jedoch, dass in den oberen Etagen nicht mehr gewohnt werden konnte. Direkt neben dem Haus lag ein aufgewühltes Trümmerfeld. Das Unterste war nach oben gekehrt worden.
Vor dem Domhotel am rechten Bildrand hatte man Rasen ausgesät. Zur Freude der auf den Bänken sitzenden, Erholung suchenden Menschen. Autos gab es auch schon wieder, wohl aber noch nicht die späteren Parkplatzprobleme.

Die Altstadt – das Herz von Köln

▶ Was stand denn eigentlich noch nach den gut 262 Luftangriffen? Zwischen 75 und 95 % der Bebauung war vernichtet worden. Von rund 150 Kirchen waren 91 mehr oder weniger stark zerstört. Die 5 Rheinbrücken konnten nicht mehr benutzt werden.
Einst war das historische Rathaus der Stolz der Kölner Bürger gewesen. Sein hoher, reich verzierter Turm, der auf dem Foto nur noch als Ruine zu erkennen ist, bildete jahrhundertelang einen Gegenpol zu den Türmen der Kirchen. Die schmalen alten Häuser am Alten Markt waren verschwunden. Genauso wie der so genannte Spanische Bau, der auf der freien Fläche rechts gestanden hatte.

Kabachen zum Wohnen

Nicht nur in Köln, fast überall gab es nicht genügend Wohnungen. Von rund 770 000 Einwohnern vor dem Krieg waren beim Einmarsch der Amerikaner nur noch 40 000 übrig geblieben. Anhand der ausgeteilten Lebensmittelkarten wusste die von Wilhelm Suth geleitete Stadtverwaltung jedoch, dass diese Zahl bis zum September wieder auf 360 000 angewachsen war. Wo sollten sie untergebracht werden? Behelfsquartiere nahm man in Kauf, einen feuchten Keller, einen stickigen Bunker oder eine aus Brettern und Wellblech notdürftig zusammengenagelte Baracke. Improvisation stand auf der Tagesordnung an oberster Stelle. Dabei hätten doch alle ein Plätzchen nötig gehabt, um wieder Kraft zu schöpfen. Stattdessen zog es an allen Ecken. Es regnete durch die Ritzen der Dächer. Und richtig warm wurden die Hütten auch nicht, es gab kaum etwas zum Heizen.

Besuch bei den Trümmerfrauen

Die Räumung der ungeheuren Schuttmassen war ein nahezu nicht zu lösendes Problem. Die Militärregierung mit Lt. Colonel White an der Spitze hatte der Stadtverwaltung vorgeworfen, dass im Vergleich zu anderen Städten das Beseitigen von Trümmern viel zu langsam vorangehe. Was irgendwo auch zu verstehen ist, denn die Kölnerinnen und Kölner wollten sich zuerst einmal um ihre privaten Angelegenheiten kümmern. Zur Beschleunigung wurden die so genannten „Pflichtarbeitsstunden“ eingeführt. Auch Frauen bis zu 45 Jahren drückte man Hacke und Spaten in die Hände, falls sie keine kleinen Kinder oder kranke Angehörige zu pflegen hatten. Stolz erwähnt das Arbeitsamt ihre Leistungen. Trotz knurrendem Magen, der Ehrendienst musste sein! Witzbolde spuckten in die Hände und sangen den „Kölner Schöppemarsch“. Jeder, der sich drückte, wurde zum Lump abgestempelt. Von ehemaligen Parteimitgliedern der NSDAP forderte man sogar einen längeren Sühnedienst. Bemerkenswert erscheint in diesem Zusammenhang die Tatsache, dass man Bescheinigungen über den abgeleisteten Dienst auf dem Schwarzmarkt erwerben konnte.

„Da muss ich aber sehen, dass ich weiterkomme …"

◀ Dies könnte der Mann mit Hut und Spazierstock gedacht haben, als er zufällig an einem Trümmergrundstück vorbeikam, obwohl hier die Gefahr eigentlich schont gebannt war. Denn die an den Haken gelegte Bombe war bereits entschärft worden.
Ob Aufstellungen zu den Bombenangriffen oder zu den Schuttmengen: Die großen Zahlen sagen heute eigentlich gar nichts mehr. Vergleiche sind da schon einleuchtender: etwa ein Diagramm, bei dem der ganze Trümmerschutt einen kleinen Berg von 234 Metern Höhe bei einem Durchmesser von 700 Metern ergeben hätte. Der Kölner Dom wäre im Innern des Hügels vollkommen verschwunden.

Das Entschärfen von Bomben war reine Nervensache

◀ ▼ Erst ab Juni 1949 existiert eine detaillierte Auflistung über die beseitigten Blindgänger. Gezählt wurden 3 743 Bomben, 3 V-1-Geschosse, 5 Luftminen, 86 704 Granaten und knapp 10 000 Brandbomben und Phosphorkanister. Als wenn die explodierten Geschosse nicht schon genug Schaden angerichtet hätten. Bis 1947 haben neun Männer bei den Arbeiten zum Entschärfen ihr Leben lassen müssen. Mut war bei dieser Arbeit gefragt und Fingerspitzengefühl. Der Stundenlohn lag nach der Währungsreform bei 1,13 DM zuzüglich einer Gefahrenzulage von 2 DM.
Noch 1956 kamen vier Feuerwerker bei diesen Arbeiten um. Bis auf einen wurden sie in einem Ehrengrab auf dem Friedhof Melaten beigesetzt.

Leben in Trümmern – Gefahr gebannt

▶ Eine Sammlung von Bomben wartete auf ihren Abtransport zum Munitionslager. Sie würden keinen Schaden mehr anrichten.
Schon im Ersten Weltkrieg war Köln Ziel von Bomben gewesen. Bei vier Angriffen fielen 18 Bomben. 41 Menschen haben dabei den Tod gefunden. Im Zweiten Weltkrieg war dieser Luftkrieg auf unmenschliche Dimensionen ausgeweitet worden. 269 Angriffe trafen die Stadt. Das abgeworfene Material der Bomberverbände richtete einen immensen, fast nicht mehr zu reparierenden Sachschaden an. Schlimmer war noch, dass rund 20 000 Menschen dabei zu Tode gekommen sind. Erschreckend aber auch, dass die Zahl der Verletzten fast doppelt so hoch war und viele von ihnen ein Leben lang an ihren Verletzungen zu leiden haben.

Die Planer stellen ihre Überlegungen vor

Am 21. Juni 1946 übernahmen die Briten unter dem Befehl des Stadtkommandanten Lt. Colonel White die Stadt und setzten sich sofort für den Wiederaufbau ein. Zwei Tage später lud die von Konrad Adenauer geleitete „Gesellschaft der Freunde des Wiederaufbaus der Stadt Köln" zu einem Planungsgespräch ein. Sie forderte gesunde Wohnbedingungen für alle. Die Innenstadt sollte wesentlich aufgelockerter bebaut werden. Auf den freien Flächen sollten Parks und Grünanlagen entstehen. Die Verlegung des Hauptbahnhofs zum Hansaring war ein fester Bestandteil der Planungen, scheiterte aber schließlich an dem Widerstand in der Bevölkerung.

Zu einer inzwischen berühmt gewordenen Vortragsreihe trafen sich Architekten und Kunsthistoriker, Politiker und Bürger. Sie diskutierten über den Wiederaufbau der bedeutenden mittelalterlichen Kirchen. Fast alle wurden wieder aufgebaut, weil man ihren Wert für die Identität der Stadt erkannt hatte. Die Generalplanung für Köln übernahm der bekannte Architekt Professor Dr. Rudolf Schwarz. „Vieles wurde", so hat es vor einigen Monaten der Stadtkonservator Dr. Ulrich Krings formuliert, „bei einem Glas Wein gelöst, da saßen Baukünstler und christlich geprägte Modernisten zusammen."

Trümmergebirge am Alten Markt

▶ Möglichst schnell sollten die Trümmer aus der Stadt verschwinden. Und möglichst schnell sollten vor allen Dingen auch wieder Wohnungen gebaut werden. Das war aber gar nicht so einfach, denn es gab fast keine Baumaterialien. Das wenige, das geliefert werden konnte, wurde von der Besatzungsbehörde kontingentiert. Zu jedem Bauantrag musste eine genaue Aufstellung über den Verbrauch an Steinen, Eisen, Dachpappe, Glas und Nägeln dazugelegt werden. Vieles davon konnte man nur auf dem Schwarzmarkt erhalten. „Baumaterial gegen Fettigkeiten", hat es einmal ein bekannter rheinischer Architekt formuliert. Während des Ehrendienstes wurden die Schutthaufen sorgfältig sortiert. Man suchte nach wieder zu verwendenden Steinen, man suchte nach Holz und nach Stahlträgern.

Köln
19

HOTEL

Ohne Straßen läuft gar nichts ...

◀ ... denn ohne Straßen konnte man weder Schubkarren noch LKWs einsetzen. Sie wurden beim Wiederaufbau jedoch unbedingt gebraucht. Ohne technische Hilfsmittel waren die Aufgaben nicht zu lösen. Der Bedarf an Schleppern und Baggern, vor allem aber an Lastwagen, war besonders groß. Schon im November 1945 war es dem bekannten Automobilbauer Ford in Köln-Niehl gelungen, für den Automobilbau eine Lizenz von den Besatzungsbehörden zu ergattern. Fortan wurden monatlich bis zu 500 Lastkraftwagen mit einer Zuladung von 3 Tonnen produziert. Dass die nicht lange auf einen neuen Eigentümer warten mussten, liegt auf der Hand.

Professor Dr. Rudolf Schwarz plante für Köln eine Vielzahl kleinerer Wohnquartiere, die sich direkt an die mittelalterlichen Kirchen anschlossen. Von dort sollte der Verkehr über zwei Haupterschließungsachsen, die übrigens schon in den 1930er Jahren festgelegt worden waren, abgeleitet werden. Eine davon ist die bekannte „Nord-Süd-Fahrt“.

Schienen für die Straßenbahn

◀ Noch hatte das Auto seinen Siegeszug nicht angetreten. Noch waren die meisten Menschen auf andere Fortbewegungsmittel angewiesen. Das, was die Eisenbahn für den Fernverkehr gewesen ist, das war die Straßenbahn für die großen Städte. Vor dem Krieg hatte Köln über ein großzügig ausgebautes Schienensystem für die Tram verfügen können. Dazu kam eine ausreichende Menge von Triebwagen und selbstverständlich auch das entsprechend ausgebildete Personal.
In den Bombennächten war fast alles verloren gegangen. Ein vollständig intakter Straßenbahnwagen mit Fenstern und Sitzbänken war eine Seltenheit. Um die Straßenbahn wieder rollen zu lassen, brauchte man erst einmal Schienen, die in die neu angelegten Straßen verlegt wurden. Die Nachfrage war so groß, dass die Walzwerke kaum mit der Produktion nachkamen. Die große Nachfrage kurbelte die Wirtschaft an. Die Eisen- und Stahlindustrie boomte und bot zigtausend sichere Arbeitsplätze.

Stahlträger verbogen sich, als wären sie aus Wachs

Noch standen die trutzigen Kopfbauten der nach der deutschen Kaiserfamilie benannten Brücke am Kölner Dom. Ihr Mauerwerk hatte viel von der einstigen Schönheit eingebüßt. Im August des Jahres 1944 hatten deutsche Pioniere auf dem Rückzug mit der Sprengung der Eisenbahnbrücke begonnen. Dabei waren nicht nur die Bogenbinder in den Rhein gestürzt. Die Druckwellen der Detonationen waren so stark, dass manche Hausbesitzer befürchten mussten, dass ihre stark in Mitleidenschaft gezogenen Gebäude vollends zusammenfallen würden.

Anfang Mai 1948 rollte der erste Zug wieder in Richtung Deutz. Dazu hatte man den mittleren der Bögen durch eine Behelfskonstruktion ersetzt. Zum Heben und Einbauen der Einzelteile waren insgesamt 1 000 Arbeiter nötig. Sieben von ihnen verloren dabei ihr Leben. Nochmals viereinhalb Jahre waren nötig, bis die Brücke mit allen Spuren genutzt werden konnte. Damals brauchten die Arbeiter zwei Stunden und 22 Minuten, um den mittleren Bogenträger an Ort und Stelle einzusetzen.

Parken in Domnähe

Man muss schon genau hingucken, wenn man den Standort des Fotografen heute finden möchte. Die ordentlich in Zweierreihen parkenden Autos stehen auf dem Wallrafplatz vor dem ehemaligen Hotel Monopol-Metropole. Es wurde bald darauf zum Funkhaus des WDR umgebaut. Am Anfang der Hohen Straße stehen nur ein paar Bauzäune und ein provisorisches Geschäft. Mit angedeuteten Schaufenstern und einer breiten Blende für den Firmenschriftzug. Solche Geschäfte gehörten zum typischen Bild der Innenstadt und schienen beinahe eine Dauereinrichtung zu werden. Jedenfalls befürchtete der Einzelhandelsverband, dass die große Zeit der noblen Hauptgeschäftsstraße für immer zu Ende gegangen sei.
Der Dom wird stückweise von einem stählernen Gerüst verdeckt. Die zusammengeschweißten Träger sind aber kein Baugerüst, sondern das Tragwerk des auch heute noch existierenden „Blaugoldhaus". Als die Pläne der beiden Architekten Wilhelm und Rudolf Koep 1952 ausgeführt worden waren, wusste die Lokalpresse zu berichten, dass ein Haus entstanden sei, „bei dem der Architekt (das) Kunstvolle und Duftige des ‚Kölnisch Wassers' zum Ausdruck bringen wollte."

In Kölns gute Stube regnet's rein

◀ Neben dem Dom, den romanischen Kirchen und dem Rathaus am Alten Markt ist es vor allem der Gürzenich, der auf beeindruckende Weise an das mittelalterliche Bürgertum erinnert. Was war von ihm übrig geblieben? Seit dem verheerenden Bombenangriff vom 29. Juni 1943 standen nur noch die Außenmauern. Hier hatten sich seit Generationen die Bürger zu Vortrag und Konzert sowie zu Tanz und Schmaus getroffen. Fast nichts blieb von der einstigen Schönheit zurück.
Aber der Gürzenich sollte wieder erstehen. Die Pläne dazu zeichnete Professor Dr. Rudolf Schwarz in Zusammenarbeit mit Karl Band. Rekonstruiert wurden jedoch nur die mittelalterlichen Teile. Das, was im 19. Jahrhundert ergänzt worden war, wurde durch ein elegantes Treppenhaus im Stil der 50er Jahre ersetzt.
Übrigens, und das war kein Aprilsscherz, wurden die Aufbauarbeiten durch ein populäres Angebot des Kölner Dreigestirns unterstützt. Am 1. April des Jahres 1949 stand in der Tageszeitung, dass sie sich am Entschutten des Gürzenichs beteiligen würden. Das wollte sich natürlich keiner entgehen lassen. Alles, was Rang und Namen hatte, kam und erwarb gleich noch ein paar Lose zugunsten des Wiederaufbaus. Bis zur Fertigstellung am 1. Oktober 1955 waren insgesamt 3 Millionen Lose verkauft worden.

Nur der Dom scheint unverwundet

Vom Rhein her gesehen, war noch so manches am Fuße des Kölner Doms erhalten geblieben: Schmalbrüstige, hohe Häuser mit spitzen Dächern und ein paar kahle Bäume auf dem Grünstreifen. Eine imposante Ruine zieht unweigerlich den Blick des Beobachters auf sich: Es ist der Turmstumpf der dem heiligen Martin geweihten Kirche der ehemaligen Benediktinerabtei. Der Turmhelm war in sich zusammengebrochen. Die Glocken schmolzen in der Glut des Feuers. Von dem in den 1930ern mit viel Aufwand sanierten Stadtviertel im Schatten der Kirche blieb fast nichts übrig. Vollkommen verschwanden die mittelalterlichen Spuren der winkligen Gassen und schiefen Häuser. Hier hatte sich einst das bürgerliche Leben abgespielt. Es sollte Jahrzehnte dauern, bis man hier wieder friedlich leben konnte.

Arbeiten an ungewöhnlichem Ort

▲ Wahrscheinlich gehörte nicht nur eine riesige Portion Mut dazu, wenn die Dachdecker dem Dom „aufs Dach“ gestiegen sind. Schwindelfreie Spezialisten waren gefragt, die auf hölzernen Leitern balancierten, um das stark beschädigte Bleidach wieder in Form zu bringen. Von unten konnte man ihre Gesichter nur als kleine Punkte ausmachen.
Die Instandsetzungsarbeiten an der Dacheindeckung waren für ein Gebäude lebensnotwendig. Dokumentiert sind zahlreiche Fälle, bei denen die von Bomben erschütterten Mauerreste und Gewölbe in den ersten Monaten nach dem Zweiten Weltkrieg in sich zusammengebrochen sind, weil eben nichts vor Regenschauern und Windböen schützte.
Noch wurde die Vierung des Doms von einem neogotischen Turm mit Maßwerkblenden gekrönt. Er musste später aus Stabilitätsgründen ersetzt werden. Der moderne Entwurf stammt von Dombaumeister Professor Dr. Willy Weyres. Aus der Ferne betrachtet, scheint alles beim Alten geblieben zu sein. Erst bei einem Spaziergang über die Dächer bezaubern die überlebensgroßen Engelsgestalten, deren Flügelpaare den gotischen Spitzbogen nachempfunden sind.

Bauen heißt Veränderung

▶ Im Prinzip ist dieses Foto eine wenig spektakuläre Aufnahme. Der Ort des Geschehens: das Langhausdach der Kirche St.-Maria-Himmelfahrt. Eine ganze Kolonne von Dachdeckern ist damit beschäftigt, die Schiefertafeln auf die Dachlatten zu nageln. Ihre Sitzbretter sind unterschiedlich weit vom Hauptfirst entfernt. Sie entsprechen den ansteigenden Reihen der Schiefertafeln, die in „Deutscher Deckung“ angebracht wurden.
Noch ist die Bebauung der Straßenränder ungeordnet. Ausgebrannte Ruinen stehen neben Geschäftshäusern, die nur aus zwei oder drei Stockwerken bestehen. Die Dächer der St.-Andreas-Kirche im Hindergrund sind ziemlich flach gehalten, um den Vierungsturm nicht zu verdecken. Der hatte zu diesem Zeitpunkt aber noch nicht das rekonstruierte Faltendach, sondern eine Notabdeckung über den kleinen Dreiecksgiebeln.

Traktoren vom laufenden Band

Wie sah es mit den Kölner Firmen aus? Fast alle Fabrikhallen und Werkstätten waren ausgebrannt und zerstört. Nur die Maschinen und Anlagen konnten zum Glück durch frühzeitiges Auslagern gerettet werden. Dem Unternehmen Klöckner-Humboldt-Deutz blieben so fast 82 % des Maschinenparks. In den provisorisch reparierten Hallen liefen schon wieder die Fließbänder, als am 16. Oktober 1947 in den Tageszeitungen lange Listen über die Demontage durch die Besatzer veröffentlicht wurden. Elf bedeutende größere Unternehmen konnten nur durch Verhandlungsgeschick gerettet werden.
Erste Aufträge füllten die Kommissionsbücher. Es fehlte an allem: an Kohle für Öfen und Strom für Motoren. Rohstoffe waren kaum zu beschaffen. Die dringend benötigten Lastwagen, Traktoren und Lokomotiven blieben halb fertig stehen. Wegen der Feierschichten brachten die Arbeiter halb leere Lohntüten mit nach Haus. Es dauerte, bis der Aufschwung ins Rollen kam.

„Mutter, der Mann mit dem Koks ist da!“

Es ist schon ein ganz merkwürdiges Phänomen, dass ausgerechnet die ersten Nachkriegswinter besonders kühle Temperaturen brachten. Seit Jahrzehnten hatten die Kölnerinnen und Kölner keine Eisschollen mehr auf dem Wasser gesehen. Glücklich konnte sich derjenige schätzen, der noch einen Ofen hatte. Noch glücklicher war derjenige dran, der auch entsprechendes Brennmaterial im Keller hatte. Wie bei den Nahrungsmitteln, war auch bei der Besorgung von Kohlen, Briketts und Holz Fantasie gefragt. Viele öffentliche Grünanlagen wurden abgeholzt. In den Trümmern suchten die Menschen nach alten Dachbalken und Türen.
Von der Ville, dem Braunkohlenrevier vor den Toren der Stadt, rollten Tag für Tag Waggons mit Brennstoffen für die Besatzung nach Köln. In unbeobachteten Momenten näherten sich Hinz und Kunz den Waggons, um ein paar Kohlen einzuheimsen. Das nannte man damals „Fringsen“, ein typisches Wort aus den Notzeiten nach 1945. Zum Jahreswechsel 1946/47 hatte Joseph Kardinal Frings, der Erzbischof von Köln, in der St.-Engelbert-Kirche im Vorort Riehl quasi seine Erlaubnis hierzu gegeben. „Wir leben in Zeiten, da in der Not auch der einzelne das wird nehmen dürfen, was er zur Erhaltung seines Lebens und seiner Gesundheit notwendig hat, wenn er es auf andere Weise, durch seine Arbeit oder durch Bitten, nicht erlangen kann.“

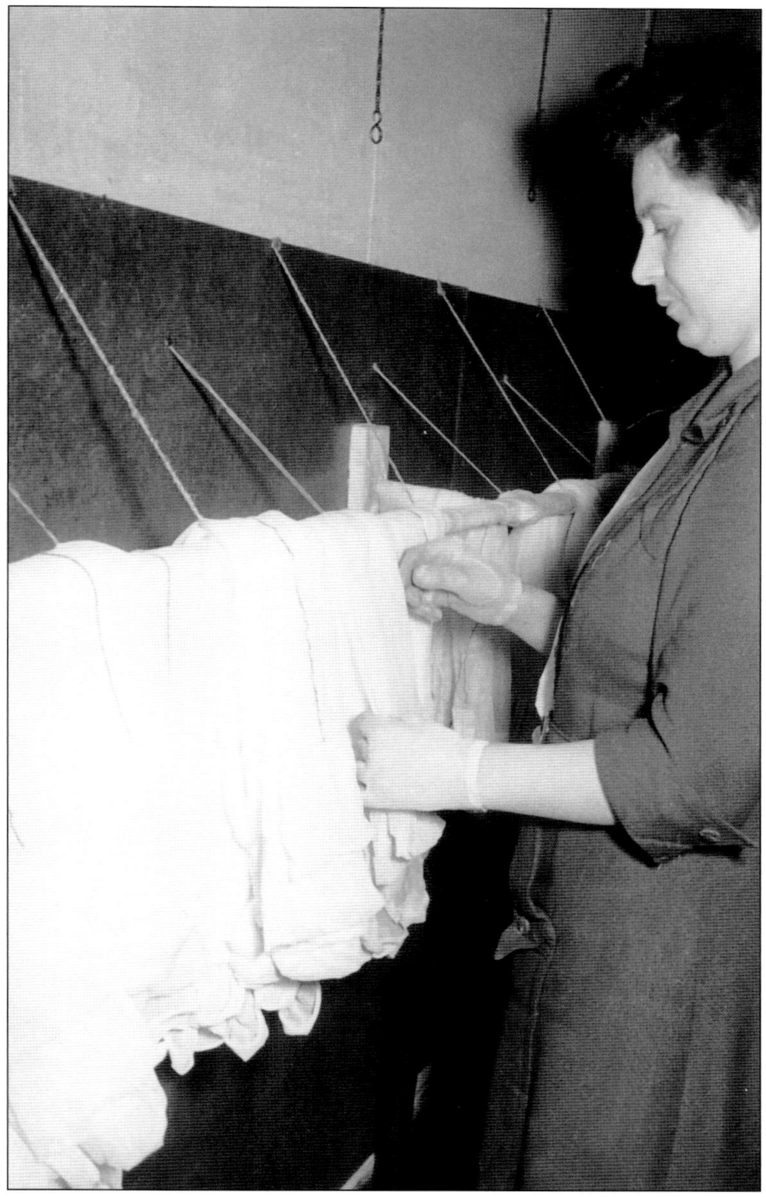

Flinke Frauenhände im Dienste der Raucher

Akkordarbeit war angesagt, denn die Nachfrage war groß. Auch wenn Rauchwaren wie die meisten anderen Nahrungs- und Genussmittel noch kontingentiert waren. Wer Zigaretten kaufen wollte, der musste eine entsprechende Karte besitzen. Darauf stand genau vermerkt, was ihm zustand. Und das war herzlich wenig, wenn man ein starker Raucher gewesen ist.

Nicht zu vergessen: Vor der Währungsreform, auf dem Schwarzmarkt, waren die Zigaretten so etwas wie eine Ersatzwährung gewesen. Man brauchte sie, um andere Dinge einzutauschen. Brot oder Fett oder einfach nur die Milch für den Säugling.

So gesehen, sitzen die drei Frauen hier vor einem kleinen Vermögen. Die gestopften Papierhülsen ohne Filter mussten in die kleinen Pappschachteln gesteckt werden. Päckchen mit drei oder fünf Zigaretten konnte man damals kaufen. Falls man nicht selber Zigaretten drehte aus getrockneten Tabakblättern, die im Blumenkasten auf dem Balkon gezogen wurden.

Luxusartikel Damenstrümpfe

Wer es nicht selber erlebt hat, der kann nicht nachvollziehen, was in jenen Jahren der Besitz eines Paars Damenstrümpfe bedeutete. Auf dem Schwarzmarkt wurden Kerzenleuchter oder Bettlaken eingetauscht gegen ein Paar Strümpfe. Die waren ein höchst willkommenes Namenstags- oder Weihnachtsgeschenk.

Was für die Schönheit von großer Wichtigkeit, war allerdings wenig haltbar. Einmal für einen Moment nicht aufgepasst, schon ruinierte eine Laufmasche die ganze Pracht. Damals gab es einen ganz speziellen Beruf: die Laufmaschenaufnehmerin. Wenn heute solche Strümpfe einfach weggeworfen werden, retteten damals für ein paar Pfennige flinke und zarte Hände den Strumpf.

Noch vor dem Verkauf ließen die Hersteller deshalb ihre Produkte von wachsamen Augen kontrollieren. Webfehler wurden direkt aussortiert. Die hier auf dem Gestell aufgehängten Damenstrümpfe zeigen alle übrigens noch die damals übliche Naht. Diese Naht an der Rückseite der Wade musste einfach sein, und wer sich keine Strümpfe leisten konnte, der trug dann wenigstens eine feine, mit dem Augenbrauenstift gezogene Linie. Die konnte wenigstens nicht verrutschen.

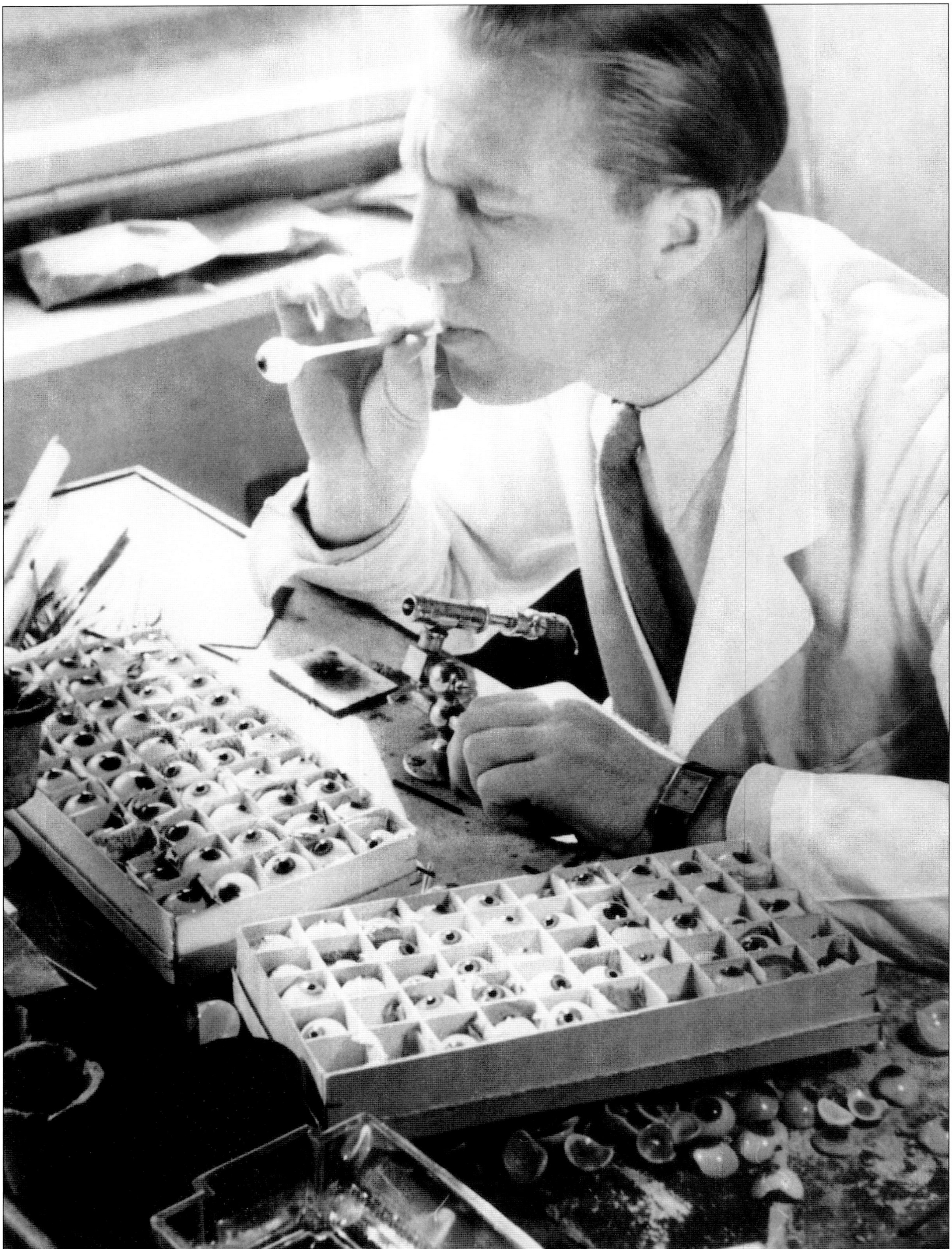

Ein typischer Beruf in einer traurigen Zeit

◀ Der Mensch von heute denkt vielleicht bei einem solchen Bild erst einmal an einen Gruselfilm. Bei diesen künstlichen Augen läuft es einem glatt eiskalt den Rücken herunter. Kurz nach dem Krieg waren diese Dinge jedoch begehrte Prothesen, die der Augenarzt seinen Patienten verordnete. Viele hatten im Krieg ihr Augenlicht für immer verloren. Niemals mehr konnten sie sich an der Schönheit der Welt erfreuen. Es war eben nur angenehmer, wenn sie den Verlust nicht mit einer dunklen Brille kaschieren mussten.

Anders als man es sich vorstellt, waren die Glasaugen allerdings keine Kugeln, sondern gebogene Glasstücke, auf denen die Pupille und die verschiedenfarbige Iris saß. Derjenige, der hier beschäftigt war, musste ein Künstler sein. Denn es galt, ganz unterschiedliche Augen nachzubilden, nicht nur braune und blaue, sondern auch solche mit changierenden Farben und Augäpfel mit kleinen Äderchen.

Puppen für die Puppenbühne

▲ Natürlich wurde nicht nur hergestellt, was zweckmäßig gewesen ist. Also wurde nicht nur Brot gebacken oder ein Schwein geschlachtet. Es schufteten nicht alle unter Tage oder schraubten und schweißten Autos und Maschinen zusammen.

Der Mensch lebt ja bekanntlich nicht vom Brot allein. Groß war die Nachfrage nach kulturellen Veranstaltungen aller Art. Theateraufführungen und Konzerte, ein gutes Buch, eine Radiosendung. Beliebt waren aber auch Puppenspiele. Nur das eben die meisten dieser Einrichtungen ihre gesamte Habe verloren hatten. Die Hefte mit Mundartstücken waren verbrannt. Die Requisiten waren verschwunden und ebenso die Gliederpuppen, die an Stöcken oder an Fäden zu bewegen waren.

Hier gab es also einen Bedarf. Wer die entsprechende Fingerfertigkeit besaß, zauberte mit kleinen Messerchen aus sprödem Holz wahre Kunstwerke. Da die Fertigung jedoch ganz individuell und noch dazu sehr zeitaufwendig gewesen ist, konnte man damit allenfalls ein Zubrot verdienen.

Schwindelfrei in luftiger Höhe

◀ Die Kölner Messehallen, vis-à-vis des Domes auf der Deutzer Seite, waren viele Jahre zweckentfremdet worden. Hier warteten Gegner der Nazis, die der Gestapo in die Fänge gekommen waren, politisch Andersdenkende, Juden, Sinti und Roma oder Homosexuelle auf ihre traurige Fahrt in die Konzentrationslager. Zwangsarbeiter hatte man hier mehr recht als schlecht untergebracht.
Nun begann auch in den Messehallen das große „Saubermachen“. Sie wurden instandgesetzt und die Messebauer und Innenarchitekten zogen ein. Luxuriöse Ausstellungspavillons waren aber selbst für die großen Firmen nicht bezahlbar. Man improvisierte und pfiffige Ideen waren gefragt, um aus einer Hand voll Dachlatten, 12 Metern Stoff und etwas Pappe eine Bühne zu zaubern. Schriftenmaler waren gefragt, die über die Balken balancierten und mit einem ruhigen Händchen den Firmennamen auf die Blende zauberten.

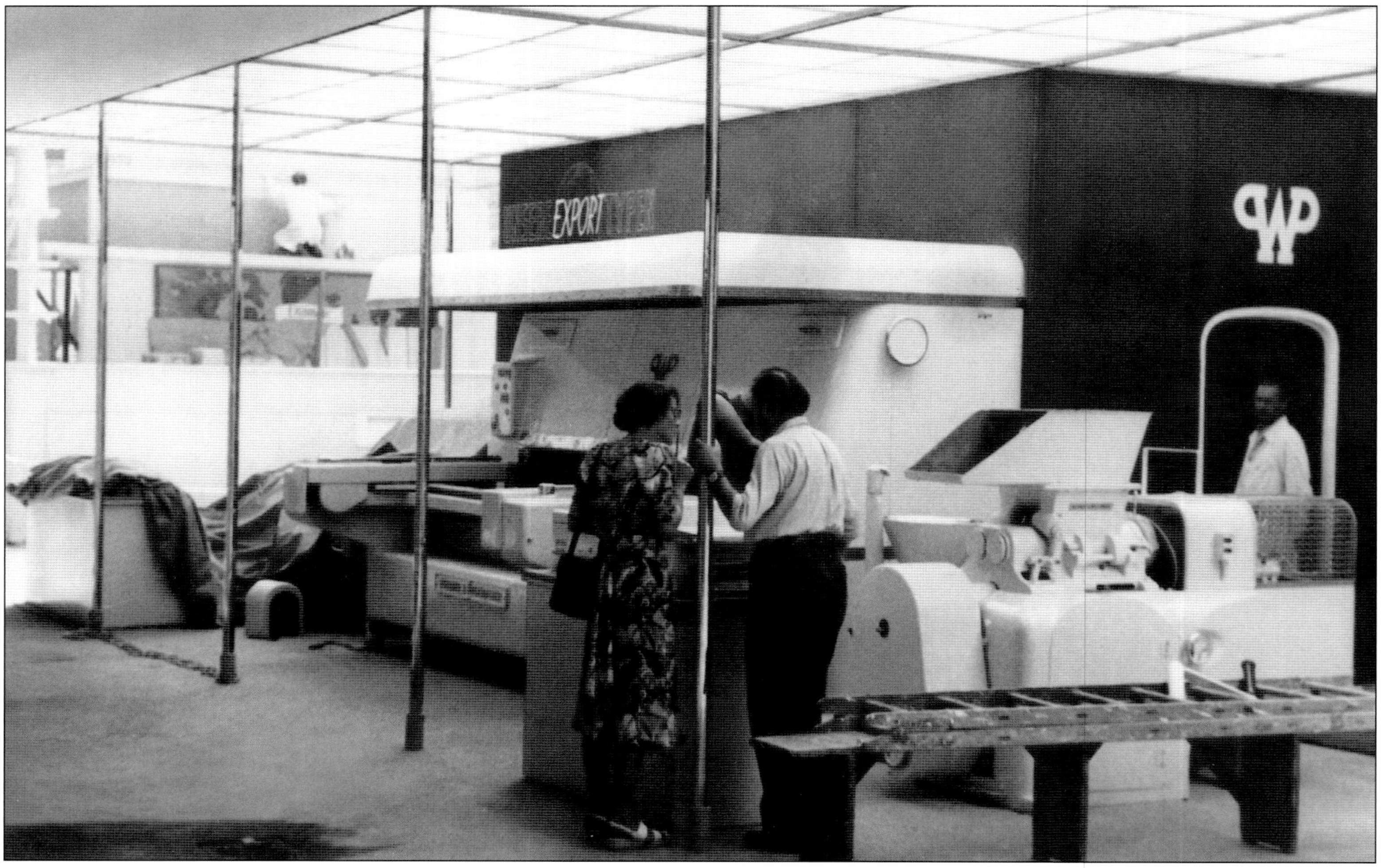

Kölner Messe

Süßwarenmesse, Domotechnica, Internationale Möbelmesse oder Photokina: In jedem Jahr präsentieren die Unternehmen ihre neuesten Errungenschaften. In Köln geht die Geschichte der Messen in Deutz bis in die Zeit kurz vor dem Ausbruch des Ersten Weltkrieges zurück. Langsam pendelte sich das wirtschaftliche Leben nach dem Zweiten Weltkrieg wieder bei „normal“ ein. Vorschriften und Reglementierungen, Versorgungsengpässe, Rohstoffmangel, all das wirkte hemmend und hinderlich.
Ein erster Erfolg war die Kölner Herbstmesse vom 14. bis zum 16. September 1947. 500 Aussteller zeigten Neues für den Wohnungs- und Hausbedarf, also das, was wirklich jeden anging. Eine eigene Sonderschau „Rund ums Bett“ war jetzt wichtiger denn je. Denn noch lange fehlten Hotels mit ausreichend Betten für die auswärtigen Messebesucher. Es dauerte nicht mehr lange, da ratterten schon die ersten Apparate in den Ausstellungshallen, neuartige Maschinen für das angekurbelte Wirtschaftswunder. Immer schneller, immer mehr, immer präziser, immer billiger, das waren so die gängigen Adjektive einer neuen Zeit.

Der Reklame-Express

◀ Ohne Werbung kein Verkauf. Wie sollte man die Konsumentin und den Konsumenten auf die großartigen Neuigkeiten aufmerksam machen? Für viele war der Eintritt zur Messe einfach zu teuer. Statt der Reklamesendungen im Rundfunk, die erst später modern wurden, mietete man sich einen Kleinlastwagen, hängte einen fahrbaren Marktstand daran, an dem man zwar keine Würstchen kaufen konnte, sich aber in den kleinen Auslagekästen Nützliches und Formschönes anschauen konnte.
Und wenn nicht grade eine „Elektrische“ das Fahrzeug überholte, dann konnte man sogar auf den Bürgersteigen die Ansagen aus den Lautsprechern verstehen. „Kaufen Sie, das hat's bisher noch nicht gegeben. Brillant die Wirkung, einmalig der Preis.“

Einkaufen

▲ „Ich kauf' mir was, kaufen macht so viel Spaß …“ – wer erinnert sich nicht an diesen Ohrwurm. Heute ist das Kaufen leicht geworden. Aber damals, in den ersten Jahren nach 1945, da war es gar nicht so leicht, seinen persönlichen Bedarf zu decken. Ob Lebensmittel, Spirituosen oder Kleidung, von allem gab es nur ein klein wenig. Wohl dem, der noch einen Hut aus der „guten alten Zeit“ gerettet hatte.
Weil viele Männer im Kriege gefallen waren oder noch in Gefangenschaft saßen, kamen 1946 123,3 Frauen auf 100 Männer. Allein die Zahl der Witwen zwischen 25 und 30 Jahren hatte sich im Vergleich zum Vorkrieg verzwölffacht. Die Frauen waren gezwungen, sich um den Lebensunterhalt ihrer Familien zu kümmern. Sie „maggelten“ und fuhren Woche um Woche zum „Hamstern“ in die ländlichen Vororte, nur um irgendetwas Essbares zu ergattern. Selbst heute kann der Appell an die Verwaltung nachempfunden werden: „Helfen Sie den Frauen! Beseitigen Sie die Schlangen. Aber ich meine, wir müssten doch betonen, daß wir Dank, Anerkennung und Bewunderung unseren Hausfrauen schulden, und mehr als das! Wir sind ihnen das Versprechen schuldig, alles zu tun, um überall bereitwillige Hilfe zur Erleichterung ihres derzeitigen Lebens zu leisten.“

Die Kölner und ihr Dom

▲ Wie konnte man ein Projekt wie den Dom, der schon seit Jahrhunderten ein Torso gewesen war, vollenden? Das hatten sich schon unsere Vorfahren im 19. Jahrhundert gefragt. Kaiser und Könige gaben reichlich. Das Erzbistum steuerte sein Scherflein bei. Viele, viele Bürgerinnen und Bürger spendeten manche Goldmark. Überall in Deutschland gab es die Dombauvereine. Sie schickten dann und wann ihre Sammler von Haus zu Haus.
Schon damals genehmigten die allerhöchsten Stellen eine „Dombaulotterie“, die bis in die heutige Zeit bestehen geblieben ist. Für kleines Geld kauft sich der Mensch, der eben auch als Erwachsener noch gerne spielt, ein Los. Er hofft jedes Mal aufs Neue, den Hauptgewinn zu ergattern. Ein Auto hat wohl nur ganz selten mal jemand bekommen. Aber viel Geld ist seither zusammengekommen, um die Kriegswunden zu verarzten und bröckelnde Figuren zu ersetzen.

Lautstarke Zigarettenwerbung

▲ Handlich und leicht zu transportieren war der Besitz dieses Herrn. Ein kleines Vermögen, denn Zigaretten, vor allen Dingen amerikanische, waren so gut wie bares Geld. Auf dem Schwarzmarkt am Gereonswall und in der Weidengasse wurde eine Zigarette mit 5 bis 8 Reichsmark gehandelt. Es sollte noch schlimmer kommen: Am Abend vor der Währungsreform wurden für drei Zigaretten sogar 100 Reichsmark gefordert. Ein Pfund Kaffee kostete 1 500 Reichsmark.
Zigaretten, Zigarren und Tabak wurden über die so genannten „Raucherkarten" verteilt. Im Februar 1946 erhielten ein Bergarbeiter 60 und ein Arbeiter 40 Zigaretten. Frauen waren viel schlechter gestellt. Ihnen sprach man nur 20 Zigaretten zu. Für die Frauen zwischen 18 und 25 gab es gar keine Zigaretten. Selbst wenn sie nicht selber rauchten, hatten sie auch nichts zum Tauschen. Ohne Raucherkarten konnten sie noch nicht mal Kaffee bekommen, denn der stand ebenfalls auf diesen Zuteilungsscheinen.

Kaufen unter freiem Himmel

▲ Was bleibt einem übrig, wenn die meisten Läden noch zerstört sind. Stammkunden, die schon seit Generationen zu ihrem persönlichen Fachgeschäft gingen, kamen aus der Mode. Man ging nur dahin, wo es etwas gab. Das wenige, was einem da so angeboten wurde, das brauchte man vielleicht nicht selber, konnte es aber später gegen Wichtigeres eintauschen.
Hier auf dem Foto werden feuerverzinkte Einkochkessel angeboten. Ein wirkliches Schätzchen, denn Einkochen war damals bei den Hausfrauen groß in Mode. Das, was an frischem Obst und Gemüse nicht direkt gegessen werden konnte, wurde so für den Winter konserviert. Wenn man dann am anderen Ende der Stadt auch noch Einmachgläser erstanden hatte, konnte es eigentlich losgehen.
Schrebergärten waren heiß begehrt. Man bekam sie über Beziehungen und konnte sie erben. Statt bunter Blumenrabatte und Wiesen gab es nur Gemüsebeete und Stangenbohnen. Wer hatte den besten Dünger, wer hatte einen „grünen Daumen"? Die Selbstversorgung war zwingend notwendig zum Überleben.

Großmarktszene

◀ Hatte man eine Arbeit, dann war der Weg dorthin schon eine strapaziöse Unternehmung. Die wenigen Straßenbahnen und Züge, die fuhren, waren hoffnungslos überfüllt. Wegen der verschütteten Straßen musste man oft einen Umweg in Kauf nehmen.
Vieles belastete die Menschen über alle Maßen. Und dazu kam dann auch noch der ständige Hunger. Um die Situation einigermaßen in den Griff zu bekommen, hatte das Ernährungsamt Lebensmittelkarten ausgegeben. Doch statt der von Ärzten geforderten 2 400 Kalorien pro Tag waren nur ca. 1 500 üblich. Im Juli 1946 und im Mai 1947 sank die Zahl sogar unter 800 Kalorien pro Tag.
Trotz der schlechten Lage blieben viele optimistisch. Und ein Zeitgenosse sprach aus, was manch einer dachte: „Jetzt bekommen wir Kalorien, früher waren es Vitamine. Jetzt wird es bald Zeit, dass wir was zu essen bekommen."

Extraplus für Schmutz und Schweiß

Den meisten der Zeitgenossen von heute wird dieses Plakat nichts mehr sagen. Dabei ist der jungen Dame fast ein Kunstwerk gelungen. Geschwungene Lettern verkünden, dass in diesem Geschäft „Bergarbeiterpunkte" angenommen werden. Diese Bergarbeiterpunkte erhielten die Kumpels als Zulage zu ihrem Lohn, genauso wie die Deputat-Kohle.
Damit konnten sie nicht nur Zucker und Lebensmittel kaufen, es gab auch Gutscheine für einen Anzug oder ein Paar Schuhe. Kohle war in diesen Jahren noch einer der bedeutendsten Energieträger, sowohl für die Industrie als auch für die Privathaushalte. Noch war der Bergbau einer der expandierenden Industriezweige und keiner hätte die Prophezeiungen geglaubt, dass in den 1960er und 1970er Jahren eine Grube nach der anderen schließen müsse.

1923
1948
Jahre
Schram's Pudding
Schram's Backpulver

Jückemöller's echter Steinhäger
Pott Rum

Tante Emmas Laden feiert Geburtstag

◀ ▲ 1948 konnte die stolze Geschäftsinhaberin auf das 25-jährige Jubiläum zurückblicken. Weder damals noch bei der Gründung waren die Zeiten zum Jubeln gewesen. 1923, in der Inflationszeit, da musste gespart werden. Und das Geld, das den Männern als Lohn ausgezahlt worden war, konnte man nicht schnell genug in den Geschäften umsetzen.
Aber man hatte durchgehalten. Hatte mit Silberbronze, die eigentlich für das Ofenrohr gedacht war, eine 25 auf ein Stück Packpapier geschrieben. Treue Kunden kamen und überreichten Blumen. Alpenveilchen mit einer typischen Manschette aus Krepp-Papier und gelbe Chrysanthemen. „Zufriedene Mienen danken es Ihnen", und vielleicht honorierte der eine oder andere an diesem Tage, dass er bisweilen hatte anschreiben lassen.

Einkaufsbummel im Dezember

▲ Kalt war es, wenn auch noch kein Schnee gefallen war. In den Hauptgeschäftsstraßen der Stadt drängelte sich der Verkehr. Automodelle, die heute das Herz eines jeden Oldtimerfans hoch schlagen lassen, brausen durch die Straßen. In der Großstadt, da gab es auch schon Weihnachtsdekorationen. Keine abenteuerlichen Kronen und Tannenbäume, stattdessen aus Tannengrün gebundene Girlanden mit ein paar Glühbirnen. Die Lichterketten täuschen darüber hinweg, dass viele Geschäfte der „BMW-Fraktion", also der Bäcker, der Metzger und der Wirt, nur aus dem Erdgeschoss bestanden. Statt der Wohnetagen gähnten leere Fensterhöhlen den Betrachter an. Mancher Hausbesitzer hatte sie hinter hohen Reklametafeln versteckt.
Auf dem Bürgersteig kommt dem Betrachter eine Dame entgegen mit einer ledernen Einkaufstasche am Arm. Irgendwie musste sie ja auch ihre Einkäufe nach Hause bekommen. Die Plastiktüten von heute, die waren noch nicht erfunden.

Stunde Null, Währungsreform

◀ Am 20. Juni 1948 war es dann so weit. In den Tresoren der Geldinstitute wartete das neue Geld auf die Bürgerinnen und Bürger. 1 100 Umtauschstellen gab es im gesamten Stadtgebiet. Was würde die neue Währung bringen: Fortschritt oder Probleme? Würde es auch genug sein für alle? Wieder einmal hatte man sich an neues Geld zu gewöhnen. Plötzlich, über Nacht, so wird erzählt, waren die Läden wieder voll. Die Regale bogen sich unter der Last der Konserven. Schaufenster wurden voll gepackt mit allem Möglichen: Schnaps und Sekt, gute Butter, Mettwurst und Kekse. Hatte man nicht ewig auf diese Genüsse verzichten müssen? Jeder erhielt 40 Mark. „Kopfprämie", so sagten die einen. Jetzt hieß es genau überlegen, was man für das neue Geld (zuerst gab es keine Münzen, sondern nur Banknoten) kaufen sollte. Kleidung wäre nötig gewesen. Aber einmal richtig satt essen, das war nun auch nicht zu verachten.

Kleinbahn für Kohlen und für Trümmer

Ob Altstadt oder Neustadt, ob Ehrenfeld, Nippes oder Lindenthal, selbst auf der rechten Rheinseite war von den Geschäftsstraßen, den Kirchen und den Wohnquartieren kaum mehr als Trümmer übrig geblieben. Scherben und Ziegelsteine, Mörtelstücke und Stahlträger versperrten die Straßen. Eine Menge, die vom Statistischen Amt mit 3 Millionen Kubikmeter angegeben wurde. Ehrlich gesagt, man kann sich eine solche Menge gar nicht vorstellen.
Wohin mit dem ganzen Unrat? Da wurde der „Feurige Elias“ wieder gebraucht. Die unter Dampf stehende Kleinbahnlinie aus dem Vorgebirge war erst 1934 elektrifiziert worden. Kleine Kippwagen und Loren aus den Bergwerken und vor allen Dingen Lokomotiven wurden gebraucht. Sie fuhren kreuz und quer durch die Stadt, vom Zentrum bis zum Herkulesberg. Hier entstand 1957 aus dem, was unbrauchbar geworden war, ein kleiner Berg, den die Kölnerinnen und Kölner liebevoll den „Monte Klamotte“ nennen und seither gerne als Naherholungsgebiet nutzen.

Trümmer im Rhein

Ehe die Autobahnen für den Lastwagenverkehr zu einem immer dichter werdenden Netz ausgebaut wurden, hatten die Wasserstraßen, die natürlichen Flüsse oder die künstlich angelegten Kanäle eine enorme Bedeutung für den Warentransport aller Art. Alle fünf Kölner Brücken waren vernichtet. Die Reste, die stählernen Fachwerkträger und die Trümmer der Fahrbahnen lagen im Wasser. Nicht nur, dass man nicht über den Rhein kam, auch Schiffe konnten nicht fahren. Tag und Nacht waren die großen Schwimmkräne im Einsatz, um wenigstens die halb versunkenen Boote aus der Fahrrinne zu ziehen.

Rheinbrücke

▶ Das, was die Bomberverbände der Alliierten nicht schafften, das erledigten deutsche Pioniere auf dem Rückzug. Sie sprengten die noch intakten Bauwerke, was jedoch die vorrückenden Truppen kaum behinderte. Nur ein paar Wochen existierte in der Nähe der Südbrücke eine amerikanische Pontonbrücke. Direkt neben der eingestürzten Deutzer Brücke oder Hindenburgbrücke entstand im April 1945 eine so genannte Pfahljochbrücke, die nach ihrem Konstrukteur auch McNaire-Brücke genannt wurde. Auch diese Notbrücke wurde schon bald wieder abgebaut, aber erst 1948 konnte der Oberbürgermeister unter Anwesenheit zahlreicher illustrer Gäste das Band zerschneiden, um die heute noch benutzte Brücke ihrer Bestimmung zuzuführen. Durch den zerstörten Brückenbogen erkennt man die zentralen Markthallen. Heute werden sie durch einen großen Hotelkomplex ersetzt.

Güterbahnhof St. Gereon

Schon am 25. Mai 1945, so berichtet der Chronist, konnte der Schienenverkehr teilweise wieder aufgenommen werden. Bahnbeamte hoben die berühmte rot-weiße Kelle und gaben die Fahrt Richtung Pulheim frei. In Köln gab es ja nicht nur den Hauptbahnhof in der Nachbarschaft des Doms, sondern auch einen riesigen Güterbahnhof. Seinen Namen hatte er von der nahe liegenden Kirche erhalten. Zahlreiche Rangiergleise prägten das Aussehen des Bahnhofs, der 1969 aufgegeben wurde, zugunsten einer modernen Anlage des Containerterminals Eifeltor. Waren auch die Bahnsteige noch ohne schützende Dächer, so hatte man die Gleise schon längst wieder freigeräumt und ausgebessert. Sogar erste Wildpflanzen (damals sprach man ja noch von Unkraut) wucherten zwischen dem Schotter. Im Hintergrund steht eines der damals höchsten Turmhäuser Deutschlands: das Hansahochhaus mit der für Köln so wichtigen Reklame der „Klosterfrau“.

Im März 1945 machten sich zahlreiche Menschen auf, um die auf dem Güterbahnhof abgestellten Waggons aufzubrechen und sich mit Lebensmitteln und Kleidern zu versorgen. Die Plünderungen hatten um diese Zeit so überhand genommen, dass die Priester von den Kanzeln wetterten, man solle das Gebot „Du darfst nicht stehlen“ beachten.

Kraftmaschine aus Deutz

▶ Viele Pferdestärken waren nötig, um alles ins Rollen zu bringen. Also mussten Hunderte von Zugmaschinen gebaut werden. Weil Material knapp war, verzichteten die Konstrukteure jedoch auf die aufwendigen Dampflokomotiven und entwarfen kleine, kompakte Diesellokomotiven. Sie sahen nicht unbedingt elegant aus, waren aber zweckmäßig. Wegen ihrer kleineren Spurweite mussten sie, so wie hier, auf Transportwagen gehievt werden, um zu ihrem Einsatzort gebracht zu werden.

Ob unter Tage oder unterm blauen Himmel, viele von ihnen dienten einer ganzen Generation. Einige wurden nicht verschrottet oder in ärmere Länder verkauft und konnten in den Schuppen der Eisenbahnfreunde überleben. Dort werden sie in ihre Einzelteile zerlegt und liebevoll gepflegt. Ordentlich poliert, sind sie manchmal schöner als beim Stapellauf.

Der Zweiradkönig

Mobil zu sein, sich von einem Ort zum anderen fortbewegen zu können, davon träumten schon Heerscharen von Arbeitern, die in den 1930er Jahren auf einen Volkswagen sparten. Vorerst war für die meisten jedoch nicht an ein eigenes Auto zu denken. Ein Motorroller oder Moped, das war schon ein kleiner Luxus. Manchmal war es allerdings auch nur ein Fahrrad mit Hilfsmotor, das der Halter aufwendig mit Kotflügeln und Metallverkleidungen „aufgemotzt" hatte. Knatternd fuhr er durch die Straßen, die fast alle noch aus Kopfsteinpflaster bestanden. Und die Passanten, vor allem die Knaben und jungen Männer, die blieben stehen und schauten dem Motorroller nach. Was gäbe man nicht alles für ein eigenes Moped oder dafür, wenigstens mal eine Runde drehen zu können!

Personennahverkehr

Ein solches Wort klingt richtig modern und passt nicht zu Gerüsten und Trümmerlandschaften. Luxuriös kommt einem der Bus von der „Kraftverkehr Wupper-Sieg KG“ vor. Stromlinienförmig brauste er über Berg und Tal und brachte die Menschen in die Stadt Köln. Elegant wirkten vor allem die verchromten Verzierungen, die Abdeckungen der Scheinwerfer, die Zierleisten und die Stoßstangen.

Kam ein solches Gefährt in die Innenstadt, brauchte sich sein Fahrer noch lange Zeit keine Gedanken um einen Parkplatz zu machen. Platz gab es genug, hier auf dem Altermarkt neben dem eingerüsteten Denkmal von Jan von Werth. Die Gebäudezeile zum Rhein lag bis auf eine Ausnahme noch am Boden. Noch fehlte der monumentale Kirchturm von Groß-St.-Martin.

Attraktionen

So ein Segelflugzeug, das war wirklich etwas Besonderes. Denn als Transportmittel für die Allgemeinheit konnte man es nun wirklich nicht bezeichnen. Die meisten Flugplätze, kleine Anlagen irgendwo draußen im Grünen, etwa am Butzweiler Hof, waren noch von der Besatzung konfisziert. Die meisten Flugzeuge waren zerstört.

Aber es gab doch auch Liebhaber, die sich mit einfachen Mitteln ihre Segelflieger zusammenbauten, um sich bei günstiger Wetterlage von einem Motorflugzeug in die Wolkenregion hinaufschleppen zu lassen.

Hier war ein solcher Flieger zwischen den verlassenen Trümmern der Wohnhäusern gelandet. Freie Flächen gab es ja genügend. Schnell sprach es sich herum, wenn es etwas Außergewöhnliches zu sehen gab. Menschen strömten aus allen Ecken zusammen. Endlich mal für ein paar Minuten etwas anderes als grauer Alltag!

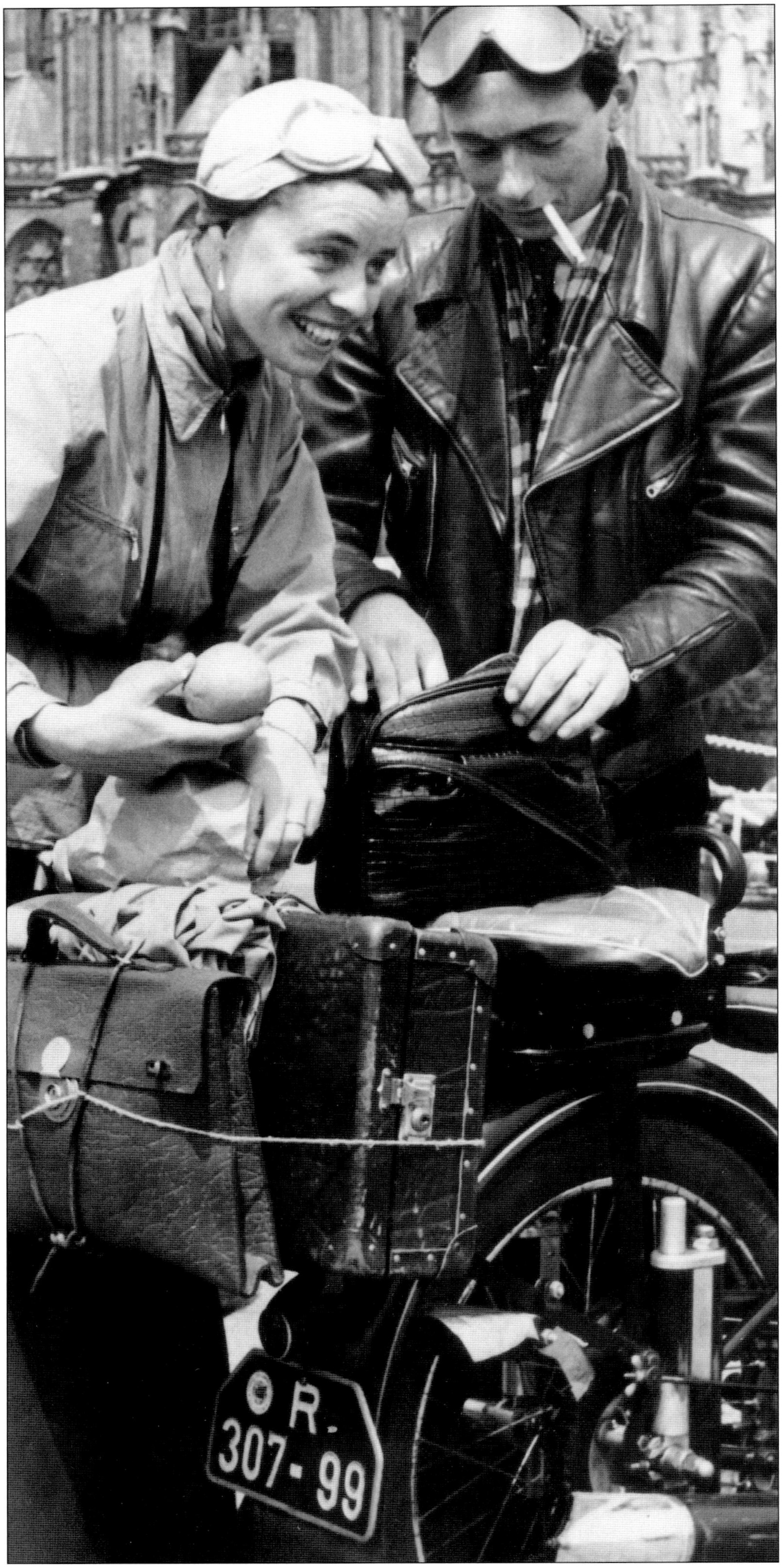

Gäste in Köln

„Wir möchten was sehen, wir möchten raus aus dem Einerlei!" Man wollte endlich auch mal wieder auf Reisen gehen, ohne dazu durch einen Evakuierungsbescheid gezwungen zu werden. Denn ein solcher Flüchtlingstreck war nun wirklich nicht mit einer Reise zu vergleichen.

Hauptsache, man verfügte über einen fahrbaren Untersatz und das nötige Kleingeld für den Sprit. Alles andere würde sich zeigen. Noch reichte als Kleidung eine Lederjacke, ein Overall sowie Sturmhaube und Schutzbrille vollkommen aus. Das wenige Gepäck verstaute man in einem abgeschabten Handkoffer und einer Aktenmappe. Alles wurde sorgfältig auf dem Gepäckständer verschnürt. Beim Zwischenstopp am Fuße des Domes wurde Pause gemacht. Noch kannte man keinen Schnellimbiss. Stattdessen ein herzhafter Biss in den Apfel aus dem heimischen Garten.

Ein Blick auf die Domtürme

▶ Immer näher kam der Reisende nach Köln. Den Dom, dieses steinerne Gebilde, hatte man schon von weitem ausgemacht. Das also war das erste Etappenziel. Neben dem Dom, bis an den Rhein, gab es einen großen Platz, da konnte man sein Gefährt abstellen.
Wer etwas komfortabler reisen wollte, der nutzte ein Motorrad mit Beiwagen. Schutz vor dem Fahrtwind und den kleinen aufspritzenden Steinchen bot eine mehrteilige Windschutzscheibe. Gegen den plötzlichen Regen hatte man über seinem Koffer ein Stückchen Schutzplane ausgebreitet und alles sorgfältig festgezurrt. Sogar einen Ersatzreifen hatte man sich vor der Abfahrt besorgen können. Unbezahlbar, dieser Reifen, denn die Straßen außerhalb der Orte waren noch in ziemlich schlechtem Zustand. Wegen der Schlaglöcher musste immer wieder eine Pause eingelegt werden, um den Reifen zu flicken.

Der Aufstieg hat sich gelohnt

◀ Hoch oben in der luftigen Welt der Fialen und Wasserspeier wagen junge Leute einen Blick auf Köln. Nur wenige Gebäude sind stehen geblieben, und zum Rhein hin gibt es noch genügend Parkplätze für Reisebusse und eine Hand voll PKWs.
Zwischen 1970 und 1986 wurde das freie Gelände bebaut, zuerst mit dem Römisch-Germanischen Museum auf den Fundamenten des Dombunkers und dann später nach Plänen von Busmann und Haberer das Kunstmuseum und die Philharmonie.
Ob sich die jungen Leute damals vorstellen konnten, wie es einmal in der Nachbarschaft des Domes aussehen würde? Oder wie es wäre, wieder einmal durch beidseitig bebaute Straßen zu flanieren?

Vieles musste nachgeholt werden

Jahrelang hatte das ganze Bildungssystem, angefangen von den Schulen bis hin zur Erwachsenenbildung, brachgelegen. Als erstes wurden im Sommer 1945 wieder die Volksschulen aufgemacht, es folgten die weiterführenden Schulen, noch später dann die Berufsschulen. Für die Kriegsteilnehmer wurden überall Sonderkurse eingerichtet, um das Abitur nachholen zu können.

Wer weiterkommen wollte in seinem Beruf, der besuchte Abendkurse und die Volkshochschule. Rückengerechte Stühle oder multimediale Unterrichtsmaterialien, davon wagte noch keiner zu träumen. Hauptsache, man hatte einen Raum mit Dach und Fenstern. Da brachte man gerne einen Stuhl von zu Hause mit. Und manchmal sogar noch das obligatorische Brikett zum Heizen. Die meisten Schulbücher waren wegen ihres nationalsozialistischen Inhalts aussortiert worden. Und weil es kein Papier gab, um neue zu drucken, mussten die Schüler alles mühselig mitschreiben.

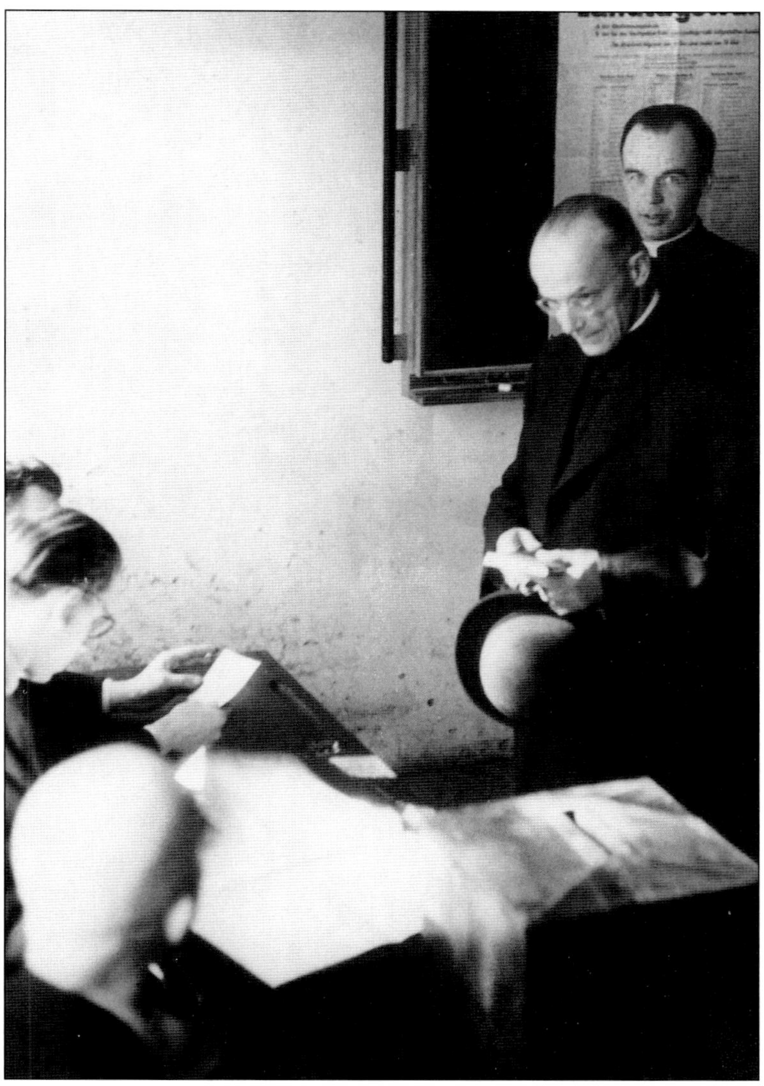

Lernen muss ein jeder

▲ Wenn nicht fremde Sprachen oder Demokratie, so doch vielleicht den Umgang mit dem Geld. Treue zahlte sich noch aus, und Jubilare wurden entsprechend gewürdigt. „Viel Wenig ergibt ein Viel!“ Sätze wie dieser haben sich im Gedächtnis der Menschen von damals festgesetzt und wurden noch Jahrzehnte später an deren Kinder weitergegeben.

Sparen wurde als eine der höchsten Tugenden angesehen. Jetzt brauchte man nicht mehr von der Hand in den Mund leben. Ab und an blieb etwas übrig, und das wurde auf die hohe Kante gelegt. Schulkinder erhielten eine eigene Spardose. Die meisten Erwachsenen besaßen ein Sparbuch. Andererseits: Die Währungsreform war noch nicht so lange her und irgendeiner wusste immer hundertprozentig, dass das Geld morgen kaputt ginge und dass man es nur durch den Kauf von Sachwerten retten könne.

Politik und Wahlen

◀ Nach den Jahren der Diktatur, als den Bürgern alles und jedes vorgeschrieben worden war, musste das tägliche Leben in vielen Bereichen neu erkundet werden. Demokratie hieß das Lösungswort: Beteiligung der Bürger an den Entscheidungsfragen.

Endlich freie Wahlen, die mehr zuließen als Ja und Nein. Nicht mehr nur eine Partei buhlte mit bunten Plakaten um die Gunst des Wählers. Noch war die Wahlbeteiligung recht hoch. Prominente, wie Kardinal Frings, wurden beim Urnengang abgelichtet und andere Bilder zeigen, dass Ärzte Wahlurnen an die Krankenbetten in den Kliniken schleppten, um allen ihre Mitwirkung zu ermöglichen.

Interessant war übrigens die „Kölner Lösung“ in der Oberbürgermeisterfrage bei der Kommunalwahl 1946. Für die Dauer von jeweils einem Jahr wurde einmal der Kandidat der SPD, Robert Görlinger, und einmal der von der CDU, Hermann Pünder, an die Spitze der Bürgerschaft berufen mit der Begründung, dass der Wiederaufbau nahezu übermenschlicher Entscheidungen bedürfe.

Fortschritt auch für die „lieben Kleinen"

◀ Es gibt nichts, was es nicht gibt, so könnte man sagen. Ein Kinderwagen mit Radio, das war doch wohl eher ein Gag. Sollte die gedämpfte Musik das Kleine einlullen oder die Mutter beim täglichen Spaziergang an der frischen Luft mit Nachrichten informiert werden? Welches Kind hätte bei der von Rudi Schurike besungenen „sinkenden Sonne bei Capri" noch sanft schlummern können?
Dabei sah die Situation für die Kinder in den damaligen Jahren gar nicht rosig aus. Untersuchungen der Gesundheitsbehörden ergaben, dass nur 12% der Schulkinder vollkommen gesund gewesen sind. Viele hatten TBC, Krätze, Hungerödeme und durchlebten in ihren Albträumen immer wieder die letzten Bombennächte. Dank der Wohlfahrtsorganisationen wie CARE und CRALOG, der Quäker, der Schweden, der Schweizer und der Iren konnte ab Dezember 1945 wenigstens die Schulspeisung eingerichtet werden.
Der von der KPD-Fraktion ins Rollen gebrachte Antrag „Rettet das Kind" wurde denn auch im Sommer 1946 mit großer Mehrheit angenommen. Als Ausgleich für die beschwerlichen Lebensverhältnisse der Kinder von Köln wurden Erholungsfahrten organisiert. Betreut von Lehrern, höheren Schülern und Studenten der Pädagogischen Akademien verlebten die Kinder einen Teil des Sommers im Grünen und bekamen ordentlich zu essen. Schon seit Jahren heißt diese Einrichtung „Stadtranderholung". Sie konnte all die Jahre bestehen bleiben, wenn auch heute unter ganz anderen Vorzeichen stehend.

Die Seifenkiste

▼ Ein Gefährt, das einmal für eine ganze Generation die beliebteste Freizeitaktivität bedeutet hat. Monatelang schraubten die Burschen an ihren fahrbaren Untersätzen herum, um einmal im Jahr an einem der öffentlichen Rennen teilnehmen zu können. Natürlich bestanden nur die wenigsten Modelle wirklich aus einem alten Pappkarton für Waschmittel. Regelrechte Kurse wurden eingerichtet, wo man die Kniffe zum Basteln bekommen konnte. Dann machte man sich auf die Suche nach den Bauteilen. Speicher und Keller, aber auch Trümmergrundstücke, waren ergiebige Quellen. Damals wurde ja noch alles verwahrt, weil man es noch irgendwann einmal brauchen könnte.
Hier, bei diesem Musterexemplar, hatte aber sicherlich der große Bruder mitgewirkt. Von A bis Z durchgestylt, waren schon die extravaganten Radaufhängungen eine kleine konstruktive Meisterleistung. Und dann der Bug, eine Mischung von lachender Sonne und Haifischmaul. Na, wenn das nicht schon den Sieg bedeutet hat!

„Kasperl, da, das Krokodil ...“

▲ Spannung liegt über der Szene. Je nach Temperament reagierte jedes Kind auf den Kulturgenuss auf seine höchst eigene Art. Das offene Mündchen drückt Entsetzen aus. Da werden die Hände vors Gesicht geschlagen. Da greift man auch schon mal Hilfe suchend nach dem Kleid der kleinen Schwester.
Heute wissen wir nicht mehr, ob die Kinder das „Kölsche Hännes'chen“ bei einem Besuch in Knollendorf beobachtet haben oder ob der „Kasperle“ ihnen erzählte, wie er seine über alles geliebte Großmutter vor dem Ungeheuer verteidigen musste.
Geblieben ist eine kurze Momentaufnahme aus dem Leben einer Hand voll Kinder, die sich schon tagelang vorher gefreut hatten auf das große Ereignis. Und dann oftmals noch wochenlang davon geträumt haben. Damals, in einer Zeit lange vor den Flimmerkisten.

Weihnachten, das Fest der glänzenden Kinderaugen

▶ Was bekam man eigentlich geschenkt? Pantoffeln, ein neues Wintermäntelchen und eine kurze Lederhose für den Sommer. Vielleicht gab es sogar einen Ball. Auf alle Fälle gehörte die „Bunte Tüte“ dazu, damals, als es anfing, allen besser zu gehen. Da gab es Spekulatius und Spritzgebäck, eine Tafel Schokolade, selbst ein blank polierter rotbackiger Apfel war noch eine Freude.
Besonders an Tagen wie Weihnachten fiel es in vielen Haushaltungen auf, dass es kein traditionelles Familienleben mehr gab. Viele der Rollen im Leben von „Vater-Mutter-Kind“ waren zwangsläufig neu verteilt worden. Die Hausfrauen gingen nun arbeiten. Statt ihrer mussten sich die älteren Kinder eigenverantwortlich um den Haushalt kümmern. Sie mussten nach der Schule einkaufen, kochen und noch auf die kleinen Geschwister aufpassen. Selbst als die Väter aus der Gefangenschaft zurückkamen, entspannte sich die Lage nicht immer. Viele konnten über ihre deprimierenden Erlebnisse nicht reden. Frauen stellten fest, dass sie ihren Ehepartner niemals kennen gelernt hatten, und ließen sich scheiden. Die verfrüht zu Erwachsenen gewordenen Kinder rebellierten, weil eine neue Autorität plötzlich über ihr Leben und ihre Freiheit bestimmen wollte.

Kinderleben – Kinderspiele

▲ Wo man keine Puppen und Eisenbahnen kaufen kann, da ist die Fantasie gefragt, wenn man spielen möchte. Weil die meisten Spielplätze zerstört waren und vorerst auch nicht wieder ersetzt wurden, boten die Trümmergrundstücke Raum für Abenteuer. Gerade, weil die Erwachsenen das verboten hatten, reizte die Entdeckungsreise an jedem Tag aufs Neue. Was kümmerte es einen, wenn plötzlich der Boden nachgab oder ein Ziegelstein herunterfiel? Vielleicht würde man ja heute einen Schatz finden. Abends kamen die Kinder total verdreckt und staubig nach Hause. „Warst du wieder in dem halb zerfallenen Haus?“, fragte vorwurfsvoll die Mutter. Dabei war man doch heute wirklich einmal pünktlich nach Hause gekommen.

Um der von vielen Kreisen befürchteten „Verwahrlosung“ der sich rumtreibenden Kinder zu begegnen, begann schon im Sommer 1945 der erste Volksschulunterricht. Die Verhältnisse waren katastrophal. Von 2 176 Klassenräumen vor dem Krieg gab es nur noch 212. Die waren total ausgeplündert und verdreckt. Weil Facharbeiter und Baumaterialien noch lange Mangelware waren, wurde vieles auf eigene Faust nutzbar gemacht. Auf den meist langen Schulwegen durch die Trümmerwüste fanden die Kinder hier und da noch etwas Brauchbares.

Durch den ständigen Rückstrom der Kölnerinnen und Kölner stieg natürlich auch die Zahl der Kinder. Unterricht musste im Schichtsystem abgehalten werden. Im Durchschnitt hatte jede Klasse 51 Schüler. Selbst wenn 60 Kinder in einem Raum untergekommen waren, war das keine Ausnahme.

„Heute geht's an den Rhein, sagten die Mütter"

▲ So oder ähnlich könnte ein Klassenaufsatz beginnen, der nach dem Motto „Mein schönster Tag" verfasst worden ist. „Und was gibt es da nicht alles zu sehen! Der Verkehr hat schon wieder zugenommen. Schaufelraddampfer tuckern mit einer mächtigen Rauchwolke heran. Die flachen Lastkähne scheinen mit ihrer schweren Fracht fast zu versinken. Auf dem Wasser bewegt sich was, und es wird nie langweilig. Man kann Steine ins Wasser werfen. Oder mit besonders flachen Steinen ‚schibbeln'. Könner schaffen es, sie drei- bis viermal auf- und niederspringen zu lassen, bevor sie im Rhein versinken.
Gut, dass die Mutter darauf bestanden hatte, ein frisches Taschentuch einzustecken. Jetzt kann man es zum Winken gebrauchen. Mal sehen, ob einer der Kapitäne von seinem Boot zurückwinkt oder gar das Nebelhorn tuten lässt."

Spielen, lachen, ausgelassen sein

◀ Was ist schöner als zugucken und beobachten, zumal aus einem Versteck. Von einem Plätzchen, das den dummen Erwachsenen gar nicht auffällt.
Doch das Lachen täuscht über ein ganz großes Problem hinweg. Aus einem abgelegten Kleidungsstück oder einem Rest Wolle konnte immer mal noch etwas für die Kinder geschneidert werden. Aber bei den Schuhen, da war die Versorgungslage katastrophal. Ständig wuchsen die Füße, und die von den älteren Geschwistern geerbten Schuhe fielen förmlich auseinander. Im Sommer konnte man ja noch mit „Bläckföös" herumlaufen. Aber im Winter, wenn es richtig bitter kalt war und gefroren hatte? Da konnten viele Kinder noch nicht mal in die Schule gehen. Wer in der Nachbarschaft allerdings Schuhe hatte, der ging zum Lehrer und ließ sich wenigstens die Aufgaben geben, die zu Hause gelöst wurden.

Der Verkehr nimmt wieder zu

▲ Vor allem in den großen Städten wie Köln. So ganz waren die Planungen von Professor Schwarz doch nicht aufgegangen, dass man den Verkehr möglichst aus den Wohngebieten fern halten wollte. Über die breiten Straßen donnerten die LKWs. Also musste man höllisch aufpassen, wenn man die Straße überquerte. Nach und nach wurden an den Schulwegen, jedenfalls an den besonders stark frequentierten Ecken, Schülerlotsen hingestellt.
Schülerlotse werden, das war für viele Jungen ein richtiger Traum. Denn dann bekam man eine besondere Mütze und eine richtige Kelle in die Hand, fast so wie der Schupo auf seiner erhöhten Kanzel an der großen Kreuzung. Bei Wind und Wetter, bei Regen und Schnee standen die Lotsen morgens, vor Beginn der Schule, an den ihnen zugeteilten Stellen und Fußgängerüberwegen, warteten darauf, bis eine Gruppe von Kindern zusammengekommen war. Sie erhoben dann ihre Kelle, die Autofahrer stoppten, und die Gruppe passierte gefahrlos die Straße. Schülerlotsen sind aus dem heutigen Straßenbild fast vollkommen verschwunden. Heute regeln Ampeln den Verkehr. Oder Schulbusse halten direkt vor dem Schulgrundstück.

Dass Gott erbarm' …

◀ Da hatte man nur mit Ach und Krach den Krieg und den Bombenhagel überstanden, war gezwungenermaßen evakuiert worden in angeblich sichere Gegenden im Innern von Deutschland. Selbst wenn man dort bei Verwandten unterkommen konnte, war man kein gern gesehener Gast. Also zurück an den Rhein. Dort angekommen, standen die Kölnerinnen und Kölner buchstäblich vor dem Nichts. Keine Bleibe und noch nicht mal ein Dach über dem Kopf. Die ganze Habe ließ sich bequem im Rucksack und mit ein paar Bündeln schleppen. Statt emaillierter Kessel und feinem Porzellan bestand der Hausrat aus einem zerbeulten Blechtopf, einer Milchkanne und dem Essgeschirr eines Soldaten.
Weiter und weiter liefen sie auf dem Weg des Überlebens. Oft von einem Kloster zu einer der öffentlichen Wärmestuben, wo man für ein paar Pfennige wenigstens eine heiße Suppe gereicht bekam.

Wir fahren mal wieder nach Köln

▶ Fünf Männer haben sich vor dem Hauptportal des Kölner Bahnhofs aufgebaut. Ob sie geradewegs mit dem Zug angekommen sind? Das erst zum Teil wieder aufgebaute Deichmannshaus, ein großes Geschäfts-, Büro- und Wohnhaus, das 1913/14 von dem Architekten Müller Erkelenz errichtet worden war, und das Langhaus des Doms bilden die Kulisse. Hier, auf der Nordseite, fällt auf, dass auch der Dom ziemlich gelitten hatte. Statt auf die farbigen Bayernfenster, die der König zur Vollendung des Baus gestiftet hatte, blickt der Betrachter quer durch den Bau. Löcher klaffen im Mauerwerk, und filigranes Maßwerk in den Fensterspitzen und den Balustraden ist zu Staub zerbröselt.
Die Männer haben das angezogen, was sie eben hatten. Breeches mit Reitstiefeln, eine kurze Lederhose oder den guten Anzug. Egal. Hauptsache, dass es ihnen gelungen war, einen Platz im Zug zu ergattern. Und dass noch ein paar Mark übrig geblieben waren, um beim Köbes in einem der zahlreichen Brauhäuser ein Kölsch zu bestellen.

„Hurra, wir leben noch, und freu'n uns des Lebens …"

▼ Ein Betriebsausflug scheint anzustehen, und die Firmenleitung hatte sogar einen Bus gechartert. Damit alle mitkommen konnten, gab es zusätzliche Notsitze im Mittelgang. Vielleicht fuhren die Damen an die Ahr. Oder nach Königswinter zum Drachenfels. Reizende Ziele gab es in der näheren Umgebung wie Sand am Meer.
Wie dem auch sei, die Abwechslung hatte man sich redlich verdient. Der Chef war zufrieden, weil seine Kunden es waren. Das ließ sich die Direktion einmal im Jahr schon etwas kosten. Noch konnte sich fast kein Bürger eine Urlaubsfahrt leisten. Also war ein Betriebsausflug das Ereignis des Jahres, auf das man sich schon lange vorher freute. Eine gelungene Abwechslung zwischen Inventur und Sonderschicht. Zumal, weil Freizeit viel kürzer war und auch an den Samstagen noch gearbeitet werden musste.

Köln und die Kirche, untrennbar schon seit den ältesten Tagen

Das heißt, wenn man die uralten Auseinandersetzungen zwischen Bischof und Bürgern einmal unter den Tisch fallen lässt. Das „Hillije Kölle“ ist und bleibt Mittelpunkt des Erzbistums. Auch nach dem Krieg waren die geistlichen Herren und die Ordensleute nicht aus dem Stadtbild wegzudenken. Würdige Herren in Soutane und mit Birett. Aber auch die Vinzentinerinnen mit ihren gestärkten weißen Flügelhauben oder die Franziskaner im braunen Habit. Selbst in den allerletzten Tagen des Krieges waren 97 Geistliche in Köln geblieben, um den Menschen in den Bunkern und Kellern beizustehen. Der Erzbischof, der sich im nahen Bad Honnef aufhielt, kam regelmäßig in die Domstadt.

Die britische Besatzung zollte den Kirchenmännern große Anerkennung. Während viele noch wegen ihrer Parteizugehörigkeit kalt gestellt waren, setzten sich die Priester für den Wiederaufbau des öffentlichen Lebens ein. Ob es um die Wiedereinführung der Bekenntnisschule ging, ob beim Enttrümmern, ob im Wohnungsbau oder bei der Neueinrichtung der Pfarrgemeinden. Überall standen sie in den ersten Linien. Noch besaßen sie eine enorme Autorität. Man rollte ihnen rote Teppiche aus und hob achtungsvoll die Hand zum Gruß an den Tschako.

Der Erzbischof von Köln

Joseph Kardinal Frings, der 1887 in Neuss geboren wurde, ist nicht allein wegen des „Fringsens“ im Gedächtnis der Kölnerinnen und Kölner haften geblieben. Nach seinen frühen Jahren als Priester wurde er 1937 zum Regens des Priesterseminars in Köln ernannt. Seit 1941 stand er, zuerst kommissarisch, an der Spitze des Erzbistums. Trotz mehrfacher Verlegungen des Generalvikariats gelang es ihm, die Fäden in der Hand zu halten. Schon am 30. Mai 1945 traf er die höchsten Vertreter der britischen Besatzung. Kurz vor Weihnachten nutzte er das Radio, um möglichst viele Menschen bei seiner Ansprache zu erreichen. Seither hat er in seinen Predigten auch immer allgemeine gesellschaftliche Fragen, beispielsweise zur Bekämpfung des Schwarzmarktes, gegen die Demontage, zur Abfassung des Grundgesetzes oder später zur Mitbestimmung oder die Gefährdung des Straßenverkehrs durch Alkohol, behandelt. Der Kuss seines Bischofsrings war eine der Ehrenbezeugungen, die man ihm entgegengebracht hat. Bis zum Alter von 82 Jahren leitete Joseph Kardinal Frings das Erzbistum Köln, mit 91 Jahren ist er gestorben.

Kirchenfeste

Der ganze Lauf des Jahres war durch die Abfolge von bestimmten Feiertagen bestimmt. Es waren nicht nur die markanten Eckpunkte wie Weihnachten, Ostern und Pfingsten, sondern vor den Reformen aus den 1960er Jahren eine ganze Liste von Ehrentagen der Heiligen. Im katholischen Rheinland immer auch ein persönlicher Festtag. Denn der Namenstag, also der Feiertag desjenigen, nach dem man bei der Taufe benannt worden war, galt im Rheinland viel mehr als der Geburtstag. „Jeder Esel hat einen Geburtstag, aber nur ein Getaufter hat einen Namenstag ...", das war sicherlich nicht nur die Meinung eines Einzelnen.
Nachdem die Nazis versucht hatten, während des so genannten „Tausendjährigen Reichs" den Einfluss der Kirche mehr und mehr zurückzuschrauben, änderte sich das mit Ende des Krieges wieder. Wegen der strengen Auflagen der Besatzungsbehörden, was die Versammlung von Menschen betraf, wurden die ersten Gottesdienste noch unter Aufsicht des Militärs gelesen.
Eltern konnten ihre Kinder wieder ruhigen Gewissens zum Kommunionunterricht schicken. Bei der Ausrichtung des Festes war Improvisation gefragt. Manches weiße Kleid war aus einem aufgetrennten Sommerkleid der Mutter entstanden. Zum Kränzchen aus weißen Seidenblüten gehörte bei vielen Mädchen die weiße Schleife ins Haar.

Der schönste Tag

► Zusätzlich zur Trauung auf dem Standesamt, die seit napoleonischen Zeiten von den Behörden vorgeschrieben war, gingen wieder mehr Paare zur kirchlichen Trauung. Vorbei die Zeiten, in denen dies verpönt war und die Partei der Nationalsozialisten auch in diesem Bereich immer bestimmender geworden war. Vorbei die Zeit der Ferntrauungen, bei denen Mann und Frau noch nicht mal bei der Beurkundung an ein und demselben Ort sein mussten.
In den katholisch geprägten Gegenden behielt die kirchliche Trauung noch lange einen besonderen Stellenwert. Viele Menschen haben erst mal nur standesamtlich geheiratet, um einen Anspruch auf eine Wohnung zu haben. Dann wurde gespart für die eigentliche Hochzeit. Bis dahin aber wurden die jungen Paare nicht als Eheleute eingeschätzt. Fuhren sie in Urlaub, dann gab es, wenigstens offiziell, kein Doppelzimmer. Schmunzelnd erinnern sich viele Ältere heute daran zurück, dass der Ehepartner im Elternhaus bis zur kirchlichen Trauung auf dem Sofa zu übernachten hatte.

Konfirmation

Einige Wochen nach dem „Weißen Sonntag" der katholischen Kirche feierten die Evangelischen den Tag der Konfirmation. Das Foto zeigt deutlich die Unterschiede. Die Absolventen sind um einige Jahre älter und tragen daher, an der Schwelle zum Erwachsenendasein, dunkle Kleider. Möglichst schlicht sollten sie sein und auf jeden Fall hochgeschlossen mit langem oder wenigstens einem dreiviertellangen Ärmel. Schuhe mit Absätzen waren verboten. Für die Jungen gab es entsprechend einen dunklen Anzug.
Katholische Kinder hatten im Rheinland eigentlich kaum Berührungspunkte mit den evangelischen. Erstmals waren Letztere viel, viel weniger, und sie gingen meist in eigene Schulen. Sicherlich hat man nur selten miteinander gespielt, wenigstens in den Volksschulen. Irgendwie hat man sie auch bedauert, denn der Konfirmationsunterricht war wesentlich länger als der Kommunionunterricht. Außerdem wurde gemunkelt, dass man viel mehr fromme Sprüche auswendig lernen müsse.

„Se kreijen ons nit kapott“

Nicht nur die Kirche mit ihren Festen bestimmte die Abfolge von Frühling, Sommer, Herbst und Winter. In Köln kann es auch ein Ereignis wie der Karneval sein, der logischerweise denn auch als die „fünfte Jahreszeit“ bezeichnet wird. Für viele Kölnerinnen und Kölner eine so wichtige Zeit, für die sie sogar das ganze Jahr über sparten.
Karneval der Nachkriegsjahre trifft am genauesten Karl Bebuers Gassenhauer über „Die Eingeborenen von Trizonesien“. Für die Kölner wurde das noch heute gesungene Lied so etwas wie eine Nationalhymne, damals, als die BRD noch nicht geboren war und man ja eine Hymne brauchte, wenn Sieger bei Sportveranstaltungen einen Pokal erhielten.
Obwohl die Menschen jahrelang Uniformen getragen hatten: 1949 wurden die Kostüme der Blauen und der Roten Funken wieder herausgeholt und mit den Holzgewehren „Griffe-Kloppen“ geübt.
Hier ist eine der Garden vor den Ruinen der ehemaligen preußischen Wache am Zeughaus, also gegenüber dem Regierungspräsidenten, aufgezogen. Der gebückten Haltung nach zu urteilen, hatte der Kommandant gerade zum „Stippeföttchen-Tanz“ aufgefordert.

Am Aschermittwoch ist alles vorbei

Ob Straßenkarneval und Umzüge, ob Sitzungen oder andere gesellige Veranstaltungen, das Spektrum einer Session könnte nicht größer sein. Ob als Spanierin verkleidet und auf einem „feurigen Stier“ die Bühne erobernd, mit Maske aus Pappmaschee wie die Dame rechts am Bildrand oder einfach nur mit einem Hütchen auf dem Kopf und einer Papierblume am Revers, je nach Temperament gab sich der Mensch dem Geschehen hin. Als der Karneval wieder zaghaft zwischen den Trümmern seinen ihm angestammten Platz zurückeroberte, da mangelte es an Geld. Das, was heute vielfach geboten wird, war seinerzeit noch völlig unmöglich. Wie es einer der Hauptorganisatoren einmal formulierte: weg von dem Prunk der Vergangenheit, hin zur schlichten Brauchtumspflege des Volkes.
Gefragt waren preiswerte Lösungen, Improvisation und zündende Ideen. Hauptsache, unterm Strich blieben ein paar sorgenfreie Stunden übrig. Über einen wohleinstudierten Sketch eines Laien, der einmal im Jahr seinen Bürostuhl mit der „Bütt“ vertauschte, ließ sich herzlicher lachen als über eine technisch ausgefeilte Bühnenshow. Die Proklamation des Kölner Dreigestirns, bei dem auch die Jungfrau wieder von einem Mann dargestellt wurde, fand wegen eines fehlenden großen Saals im Zelt des Zirkus Williams an der Aachener Straße statt.

Der Kölner an sich liebt die Umzüge

▶▶ Das war damals nicht anders als heute. Dabei ist der Anlass ganz egal. Ob eine feierliche Fronleichnamsprozession oder die bunten Rosenmontagszüge, selbst die schrillen CSD-Paraden der letzten Jahre locken Tausende, wenn nicht Zehntausende Kölnerinnen und Kölner an die Straßenränder. Mit Kind und Kegel säumen sie den Zugweg. Obwohl es ja nur die eine Hälfte sein kann, denn die anderen sind die handelnden Personen. Schon Wochen vorher waren sie fieberhaft damit beschäftigt, die Aufmärsche zu gestalten. Stammtische und Nachbarschaftsgemeinschaften treffen sich beim Kölsch und beim Likörchen, hämmern an den Mottowagen und sticheln an den Kostümen. Besonders krass waren die Gegensätze bei jenem Blumenkorso. Über und über mit blühenden Blumen besteckte Wagen zogen an den Trümmern von Groß-St.-Martin vorbei. Stolz hielt der kleine Junge das Schild empor. Es erinnert an die eingeblendete Texttafel beim Stummfilm.

Frühling

Der Osterhase

◀ Hier tritt Meister Lampe nicht als blühender Frühlingsbote auf, sondern ganz in Natura. Die beiden Hübschen scheinen ihn auf frischer Tat ertappt zu haben. Ob denn der Osterhase wirklich die Eier bringt?
Ihrer Kleidung nach zu urteilen, mit Schürze und Kopftuch, könnte es jedoch auch sein, dass sie ihn zwar für den Fotografen im Nacken gepackt haben, ihm aber eigentlich helfend unter die Arme greifen sollten. Denn noch scheinen die Eier in den Gelegen nicht bunt gefärbt zu sein. Bunte Eier beim Kaufmann waren damals einfach undenkbar, genauso wie es noch nicht die quietschend grellen Farbstifte gegeben hat und die Abziehbildchen. Großmutter kannte noch die alten Familienrezepturen, bei denen ein paar Zwiebelschalen für Brauntöne und Rotkohl für ein kräftiges Lila genügten.

Kirmes

▲ Ein anderes, stets regelmäßig wiederkehrendes Fest ist die Kirmes. Damals kamen die Schausteller meistens noch mit Pferdegespannen, nur die wenigsten hatten einen Traktor, um ihre Wohnwagen und Buden von Ort zu Ort zu bringen. Dann hörte man Hämmern und ab und an ein Fluchen. Flugs wurden die einfachen hölzernen Stände aufgebaut und bunt ausstaffiert. Bei Licht besehen, im abendlichen Dunkel, eine faszinierende, fast märchenhafte Atmosphäre. Zu allen Zeiten zogen Schießbuden, Verlosungen und Karussells ihre Kunden an.
Das Aussehen des Heumarkts war fast spartanisch einfach. Ein paar mickerige Bäume, ein splittbestreuter Platz, der bei plötzlich niederprasselndem Regen die Schuhe sämtlicher Kirmesbesucher verdorben hat. Noch immer bildeten Ruinen die Kulissen. Aber der Hintergrund veränderte sich von Tag zu Tag. Irgendwo stand ein hölzernes Gerüst dazwischen, das mit den Betonmauern wuchs und endlich ein komplettes, bewohnbares Haus ergab.

Leben am Fluss

◀ Ein Fluss ist schon seit Menschengedenken einer der wichtigsten Gründe gewesen, sich niederzulassen und eine Siedlung zu bauen. Hier gibt es Wasser für die Felder, zum Antreiben der Mühlräder, vor allem aber Wasser für die Schiffe, mit denen die Waren und Güter hin und her transportiert werden können.
Die Nähe zum Wasser bedeutet aber nicht nur Positives. Denn bedingt durch Regenfälle und Schneeschmelze tritt jeder Fluss auch einmal über seine Ufer, ergreift Besitz von der Umgebung und macht aus Wiesen kleine Seen. In den Jahren, da das Klima noch nicht so stark durch die Eingriffe der Menschen, die Industrie und die Technik verändert worden war, kam das Hochwasser genauso regelmäßig wie Kirmes und Weihnachten, nur dass man sich eben nicht so sehr darüber gefreut hat.
Plötzlich musste man innehalten im Alltagstrott. Wege, die man jeden Tag gegangen war, endeten plötzlich im Wasser. Um keine nassen Füße zu bekommen, waren weite Umwege angesagt. Es sei denn, die Männer der Feuerwehr hatten rechtzeitig aus ein paar Bohlen Laufstege zusammengezimmert.

Hochwasser

▲ Noch waren die Schutzmaßnahmen der Rheinanlieger wenig ausgefeilt, wenn der Pegel am Rheinufer unaufhaltsam nach oben kletterte. Und selbst die Schuttberge in der Rheinuferstraße waren kein ausreichender Schutz. Irgendwo, an der tiefsten Stelle, lief das Wasser in die Straßen und verwandelte alles. Hier der Blick auf den Turm der Kirche St. Maria Lyskirchen und, hinter dem kahlen Baum zu erkennen, der Malakoffturm am Hafen. Noch signalisierte ein Portalkran, dass hier wirklich Schiffe anlegten, um be- und entladen zu werden.
Das langsam strömende Wasser reichte bis an die Trümmer der ehemals am Rhein gelegenen Häuser. Man bahnte sich seinen Weg, was besonders kritisch war, weil man nicht wusste, ob nicht jeden Augenblick der Schutt nachgab und nach unten rutschte.

Trümmer in Venedig?

◀ Keineswegs, es ist nur der Blick auf einen der eng bebauten Blöcke der Kölner Altstadt. Nach und nach waren die Häuser gewachsen, immer dichter aufeinander zu. Kaum ein Hof blieb frei, allenfalls ein enger Lichtschacht, durch den die Innenräume etwas Luft und Sonne bekamen. Größtenteils sind die Ruinen unbewohnt, nur ein paar Fenster haben Gardinen. Man erkennt so einiges von den Bauweisen. Hinter den steinernen Fassaden verbergen sich die mächtigen Stahlträger. Bei den Bombenangriffen wurden sie von ihren Auflagern gerissen. Durch den enormen Druck und Sog wurden sogar massive Teile verbogen.
Im Moment nützte keinem das halb versunkene Straßenschild. Selbst wenn man in die Bretterbude gelangen wollte, musste man schon ein Boot benutzen.

Rheinidylle

▼ Plötzlich endete eine Straße im Nichts, oder besser gesagt, im Wasser. Ein paar Masten und die Stippen der Laternen markierten den ehemaligen Spazierweg am Ufer. Noch lagen die Segmentbogenbinder der Hohenzollernbrücke wie eine Sperre im Wasser. Es würde Monate dauern, bis sie geborgen werden konnten. Auch die trutzigen Brückentürme standen noch. Der Bau der Brücke hatte damals Tausende von Arbeitsstunden gekostet, in ein paar Sekunden wurde alles vernichtet.
Auf dem gegenüberliegenden Ufer sind die Bauten der Messehallen zu erkennen, die hochgezogene Überbauung des Lichthofes im Vordergrund und der Aussichtsturm, von den Spöttern gerne als „Lueg-ins-Land" bezeichnet.
Hochwasser am Rhein. Das musste man sich einmal anschauen. Einige wenige sind mit dem Fahrrad gekommen, das waren die, denen es schon ein bisschen besser ging.

Fußball im Müngersdorfer Stadion

Dank der ausgefeilten Technik der Kamera gelang es dem Fotografen, eine Sekunde voller Spannung und Action (so würde man heute sagen) festzuhalten. Ein Vorwärtsstürmen und Sprinten, eine Parade, die Männer scheinen förmlich zu fliegen. Bis zu 14 000 Zuschauer haben es damals wahrscheinlich gar nicht so detailliert wahrgenommen. Jedenfalls ist einer Sieger geworden. Nur wer, das ist die Frage.

Auf und ab ging es in der Kölner Fußballwelt nicht erst seit dem wichtigen Spiel von Preußen Dellbrück gegen den Oberliga-Neuling 1. FC Köln. Gerade in den Jahren nach dem Krieg waren die so genannten „Kartoffelspiele“ obligatorisch. Mannschaften fuhren wegen der zerbombten städtischen Fußballfelder in die kleinen Dörfer der Nachbarschaft. Dort haben sie manchen Sieg errungen, manches Spiel verloren. Oft kehrten sie mit einem Sack Kartoffeln heim, damals wertvoller als jeder goldene Pokal.

Handballspiel der Frauen

Was für die Herren der Fußball war, das war für die Damen das Handballspiel. Damals, als man sich kickende Damen absolut nicht vorstellen konnte. Zufrieden lachen sie in die Kamera, wahrscheinlich hatten auch sie einen Sieg errungen.
Die Herren an den Seiten, das waren sicherlich Funktionäre des Sportvereins. Vielleicht der erste Vorsitzende, oder vielleicht sogar der Trainer?

Mode

▲ Auch Schneidern will gelernt sein. Damals war es noch üblich, dass alle Mädchen in der Schule wenigstens die Grundbegriffe des Umgangs mit Nadel und Faden erlernten. Hier haben sich sieben Frauen getroffen, die fleißig mit verschiedenen Stoffen, Filz und Verzierungen arbeiten. Damit auch jeder gleich erkennt, was da gemacht wird, haben sie sich ihre Schöpfungen auf den Kopf gesetzt.
Es sind Putzmacherinnen oder Modistinnen. Ob sie nur für den privaten Gebrauch arbeiteten oder in einem Salon angestellt gewesen sind? Jedenfalls: Hüte wurden gebraucht und gehörten noch zu jeder Grundausstattung einer Dame dazu. Man trug Hut, wenn man zum Einkaufen, in die Kirche oder zum Amt gegangen ist. Erst seitdem immer mehr Leute ein Auto besitzen und das Aus- und Einsteigen mit einer Kopfbedeckung lästig wurde, sind Modistinnen ziemlich selten in der Berufswelt anzutreffen.

Die Schönheit der Frau steht wieder im Mittelpunkt

▶ Das zeigte sich nicht nur bei den Modenschauen, sondern auch bei Schönheitskonkurrenzen. Da traten sie auf, die frisch ondulierten und dezent geschminkten Damen. Hochhackige Schuhe und die Tiefe des Ausschnitts waren genau festgelegt. Man musste anmutig schreiten und nebenbei ein paar Fragen beantworten. Den Siegerinnen winkte die Teilnahme an den überregionalen Ausscheidungen, eine hübsche Schärpe mit goldener Aufschrift und ein Karton Pralinen. Kritik sei hier zugelassen, denn man fragt sich, ob nach regelmäßigen Siegen und zahlreichen Konfektschachteln nicht die Figur ruiniert war.

Was trägt die Dame heute?

Das goldene Anstandsbuch regelte genau, was wann und zu welcher Gelegenheit getragen werden musste. Gerade im Bereich der Mode gab es einen besonders großen Nachholbedarf. Modeschöpfer schwelgten in raschelnden Stoffen, keine Frau wollte mehr sparen. Denn um bei Bombenangriffen im Keller zu sitzen oder später Schutt zu räumen, da brauchte man keine Jäckchenkleider.

Ob Vereine, Schneiderateliers oder Kaufhäuser, alle boten ihre eigene Modenschau an. Ein paar Bretter auf Kisten und mit einem Teppich abgedeckt, dienten als Laufsteg. Und manche Frau, die selber nähen konnte, kam und ließ sich inspirieren für das nächste Abendkleid oder für den neuen Sonntagsstaat. Selbst Tageszeitungen hatten eine besondere Rubrik mit Schnittmusterbogen. Wenn schon nicht der Stoff für ein neues Kleid zu ergattern war, dann gab es zahlreiche Tipps und Winke, wie man mit einem neuen Kragen, einer Stickerei oder einem andersfarbigen Stoff ein altes Kleid „aufmöbeln" konnte.